高等职业教育汽车制造类专业系列教材
“互联网+”新形态立体化教学资源精品教材

# 汽车电气设备检修

主　编　欧明文　戴　璐　熊少华

中国轻工业出版社

**图书在版编目（CIP）数据**

汽车电气设备检修/欧明文，戴璐，熊少华主编. —北京：中国轻工业出版社，2022.8

高等职业教育汽车制造类专业系列教材

ISBN 978-7-5184-3835-8

Ⅰ.①汽… Ⅱ.①欧…②戴…③熊… Ⅲ.①汽车—电气设备—车辆修理—高等职业教育—教材 Ⅳ.①U472.41

中国版本图书馆 CIP 数据核字（2021）第 280259 号

责任编辑：宋　博　王　淳

策划编辑：宋　博　　责任终审：李建华　　封面设计：锋尚设计

版式设计：霸　州　　责任校对：朱燕春　　责任监印：张　可

出版发行：中国轻工业出版社（北京东长安街 6 号，邮编：100740）

印　　刷：三河市国英印务有限公司

经　　销：各地新华书店

版　　次：2022 年 8 月第 1 版第 1 次印刷

开　　本：787×1092　1/16　印张：9

字　　数：207 千字

书　　号：ISBN 978-7-5184-3835-8　定价：42.00 元

邮购电话：010-65241695

发行电话：010-85119835　　传真：85113293

网　　址：http://www.chlip.com.cn

Email：club@chlip.com.cn

如发现图书残缺请与我社邮购联系调换

201125J2X101ZBW

# 本书编写人员


**主　编**　欧明文　戴　璐　熊少华

**副主编**　李书舟　彭　勇　谭德权

**参　编**　肖卫兵　侯　迪　卢文婕

叶　青　刘　珊　彭　新

龙莉霞

## 内容简介

本教材以汽车电路的识读入手，以电气故障诊断与修复为主线，分为七个学习项目：汽车电路识图、汽车电源系统故障、起动系统、点火系统、汽车照明和信号系统检修、汽车辅助电器系统检修、汽车仪表与报警系统检修。每一个项目以实际的故障现象为导入，注重培养学生分析问题和解决问题的能力，学生在学校中就能学到真正实用的知识和技能，为以后走上工作岗位打下基础。

本书可作为高等职业技术院校汽车运用与维修、汽车检测与维修等专业的专业教材，也可供汽车维修技工学习或作为培训教材使用。

本书有课件、视频、动画等配套资源，扫描书中二维码即可获取。同时还有在线开放课程，网址：http：//www.chlip.com.cn/qrcode/201125J2X101ZBW/01.html，欢迎广大读者与我们在线交流。

在线开放课程

# 前 言

随着中国经济的快速发展，我国的汽车生产量和销售量都迅速增加，汽车正日益广泛地深入到社会生活和人民的日常生活当中，汽车制造和维修技术也不断更新，新结构、新装置、新技术不断应用在汽车上，这就要求培养一大批能够适应汽车工业发展需要的汽车运用与维修人才。

本书结合目前高等职业教育的特点，充分考虑了汽车电气系统检测与故障诊断领域人才的需求，坚持以学生能力培养为主体，以职业发展为导向，注重理论知识与实践技能的有机结合。以“理实一体”为编写理念，将相关职业资格和专业技术资格证书考试内容融入课程中，突出职业岗位核心能力的培养，加强实践环节的训练。

本书在编写过程中，注重高等职业教育的特色，以“任务引领”方式编写，使培养过程实现“知行合一”。以汽车常规电气系统检修为主线，讲清结构与原理，侧重检测与故障排除，以能够正确分析故障为落脚点，力求将实际工作任务融入教学过程，使得理论教学更加贴近实际工作岗位的真实案例，避免抽象概念，提高学习兴趣，强化学习效果。

本教材由湖南电气职业技术学院与湖南生物机电职业技术学院一线教师合作编写，由欧明文、戴璐、熊少华担任主编，李书舟、彭勇、谭德权担任副主编，任务分工如下：

项目一汽车电路识图；项目二汽车电源系统故障由李书舟、卢文婕、叶青编写；项目三起动系统由熊少华、彭新编写；项目四点火系统由彭勇、肖卫兵编写；项目五汽车照明和信号系统检修由戴璐、刘珊编写；项目六汽车辅助电器系统检修由欧明文、龙莉霞编写；项目七汽车仪表与报警系统检修由谭德权、侯迪编写。

本书在编写过程中参阅了相关文献，在此特向有关作者表示衷心感谢！由于编者水平有限，书中不足之处在所难免，恳请广大师生、读者给予批评和指正。

编者

# 目 录

# 项目一

# 汽车电路识图

## 任务一　汽车电工基础的认知

教学课件

汽车电工基础

### 一、任务目标

**知识与技能：**

（1）了解电路中保险的作用。

（2）熟悉电路保险、电路继电器、断电器的种类和用途。

（3）掌握试灯、汽车数字万用表、钳式数字万用表的使用。

（4）熟悉线径、规格及使用。

**过程与方法：**

（1）通过小组合作、讨论，培养学生团队协作能力。

（2）通过直观的实践操作，激发学生学习的热情。

（3）通过利用多种形式的学习资源，引导学生自主学习，进而培养他们分析处理问题和主动学习的能力。

**情感态度价值观：**

（1）培养学生认真、严谨的学习态度。

（2）充分调动学生的能动性，发挥团队的协作作用。

（3）树立正确的学习观，养成良好的学习习惯，建立学习自信心。

### 二、任务描述

电气系统是现代汽车最重要的系统。随着对汽车动力性、燃油经济性、安全性、舒适性等要求的提高，越来越多的部件和系统都与汽车电子控制系统有关。作为一名汽车维修工人，要确保正确地诊断和排除车辆复杂的电气故障，需要全面掌握电工基础知识。

### 三、任务分析

汽车电路出现故障，如电路短路、电路断路、电压过低、机械故障等，都需要通过万用表对电路进行检测，检测电路负载电阻是否正常，检测电路连接导线是否导通，检测开关是否正常，检测继电器是否能正常工作，使用万用表测量电阻、电压、电流是汽车电气检测的基本能力。

## 四、相关知识链接

### （一）电工学基础

**1. 电路**

电路是由实际元件构成的电流的通路。电路由电源、负载、连接导线、控制和保护装置四部分组成。

（1）电源——向电路提供能量的设备。它能把其他形式的能量转换成电能。常见的电源有干电池、蓄电池、发电机等。

（2）负载——即用电器，它是各种用电设备的总称。其作用是把电能转换为其他形式的能量，如照明灯具、电动机、电加热器等。

（3）连接导线——它把电源与负载连接成闭合回路，输送和分配电能，如图 1-1 所示。一般常用的导线是铜线和铝线。

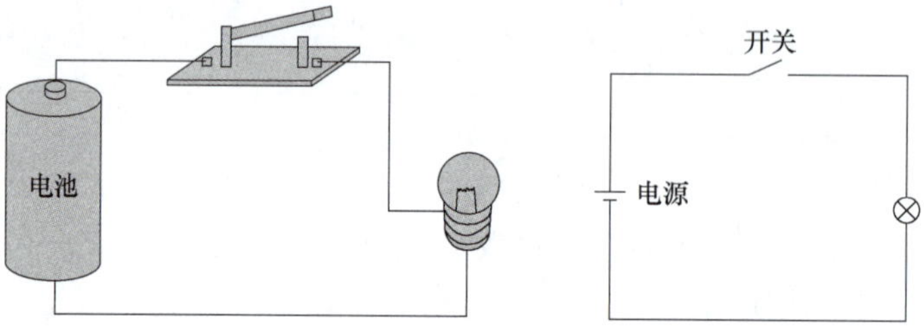


图 1-1　手电筒的实体电路

（4）控制和保护装置——用来控制电路的通断，保护电路的安全，使电路能正常工作，如开关、保险丝（熔断器）、继电器等。

**2. 电路的三状态**

（1）通路（闭路）：电源与负载接通，电路中有电流通过，电气设备或元器件获得一定的电压和电功率，进行能量转换，如图 1-2 所示。

（2）开路（断路）：电路没有形成闭合回路，电路中没有电流通过，又称为空载状态，如图 1-3 所示。

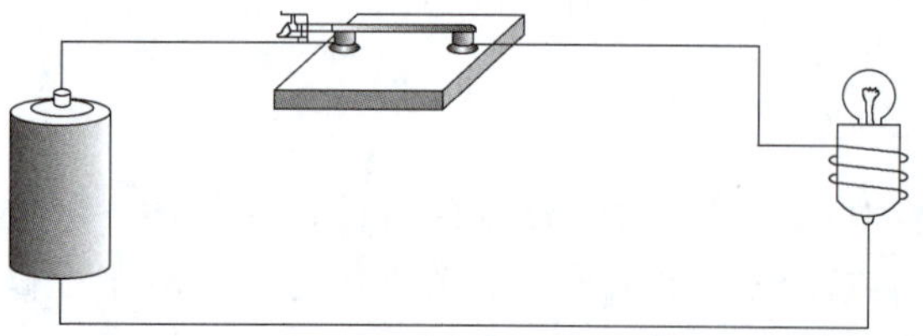

图 1-2　电路的通路状态

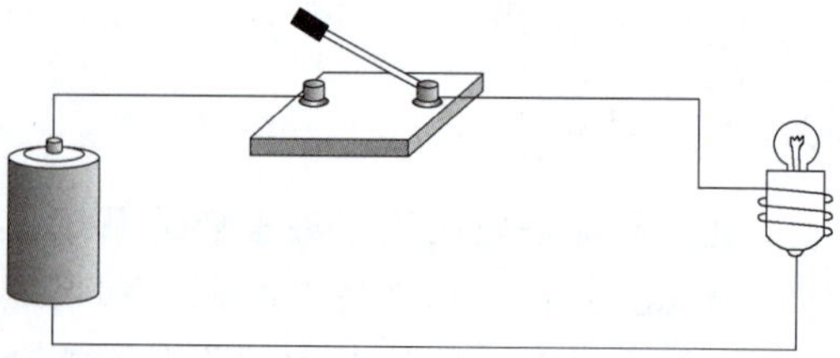

图 1-3　电路的开路状态

（3）短路：电源正负两极直接与负载相连接，如图 1-4 所示。输出电流过大对电源来说属于严重过载，如没有保护措施，电源或电器会被烧毁或发生火灾，所以通常要在电路中安装熔断器等保险装置，以避免发生短路时出现不良后果。

**3. 电流**

电流——电荷有规则的定向运动形成电流。电流是一种客观存在的物理现象。

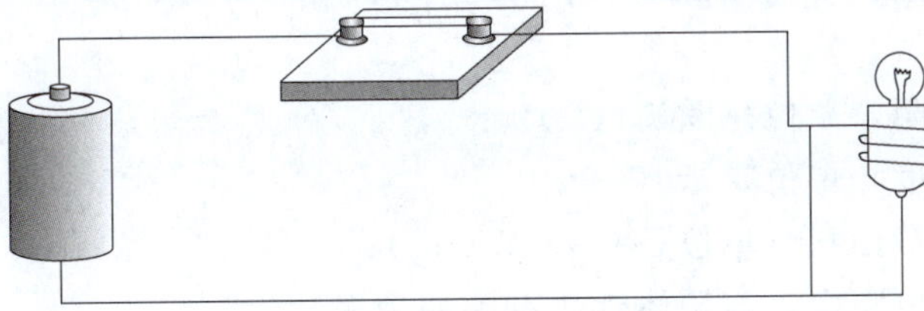

图 1-4　电路的短路状态

(1) 电流的方向。规定：以正电荷运动方向为正，如图 1-5 所示。

电流为正值（$I>0$），表明电流的实际方向与假设的参考方向相同；电流为负值（$I<0$），表明电流的实际方向与参考方向相反。

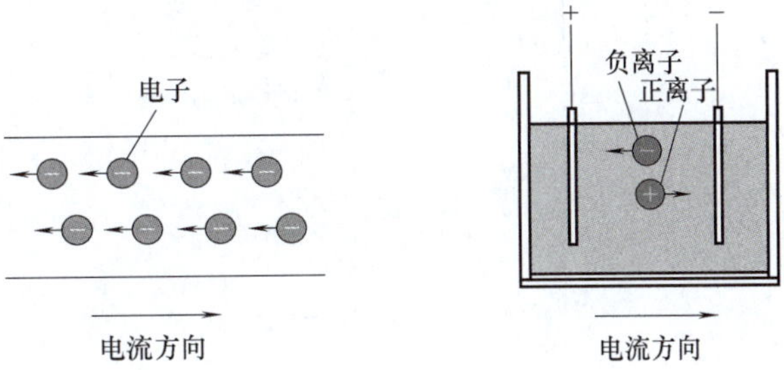


图 1-5　电流的方向

(2) 电流的大小。在单位时间内通过导体横截面电荷量的多少。

$$I=\frac{Q}{t}$$

电流 $I$ 的单位是安培（A）。除安培外，常用的电流单位还有千安（kA）、毫安（mA）和微安（μA），它们的关系为 $1\text{kA}=10^3\text{A}=10^6\text{mA}$。

**4. 电压**

电压——电场力把单位正电荷从电场中的一点移动到另一点所做的功，称为两点之间的电压，用符号 $U$ 表示，也被称为电势差、电位差。如图 1-6 所示电场力把电荷从电场中的 a 点移至 b 点所做的功 $W_{ab}$ 与电荷量 $Q$ 的比值，即为 ab 两点之间的电压 $U_{ab}$。

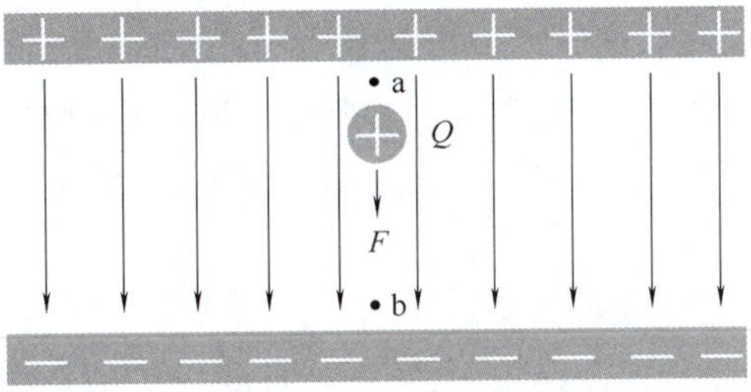


图 1-6　电场力做功

$$U_{ab}=\frac{W_{ab}}{Q}$$

电压 $U$ 的单位是伏特（V）。电压方向有正负。电压的实际方向规定为电场力移动正电荷做功的方向。当设定电压 $U$ 的方向与实际方向一致时，$U$ 为正值，反之，$U$ 为负值。

旧式车辆使用 6V 电气系统，而卡车为 24V 电气系统。目前绝大多数汽车电路均由车辆电瓶或发电机来提供电源，且通常为 12V 电气系统。在电瓶正极接线柱与地线之间，测量蓄电池所产生的电压，你会发现正是由于两个端子之间的电势差，才使电流流动，此种情况下的电势差为 12V。

**5. 电阻**

(1) 电阻的定义。导体对电流的阻碍作用，用字母 $R$ 或者 $r$ 表示。单位是欧姆（Ω）。常用的电阻单位还有千欧（kΩ）和兆欧（MΩ），它们的关系为 $1\text{M}\Omega=10^3\ \text{k}\Omega=10^6\,\Omega$。

(2) 电阻定律。在温度一定时，导体的电阻与导体长度成正比，与导体横截面积成反比，还与导体的材料有关，这一规律称为电阻定律。

$$R=\rho\frac{L}{S}$$

式中 $R$——导体电阻，单位是欧姆（Ω）；

$L$——导体长度，单位是米（m）；

$S$——导体横截面积，单位是平方米（$m^2$）；

$\rho$——导体的电阻率，与导体性质有关的物理量。

（3）电阻在电路中的作用有限流和分压，如图 1-7 所示。

限流作用：电压一定，电阻越大，电流越小。

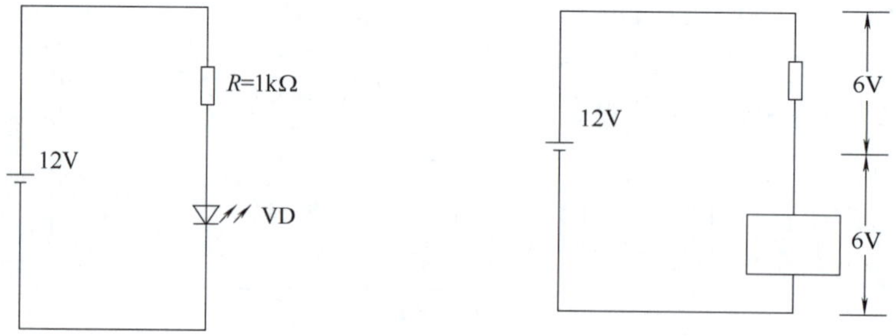


图 1-7　电阻的限流和分压作用

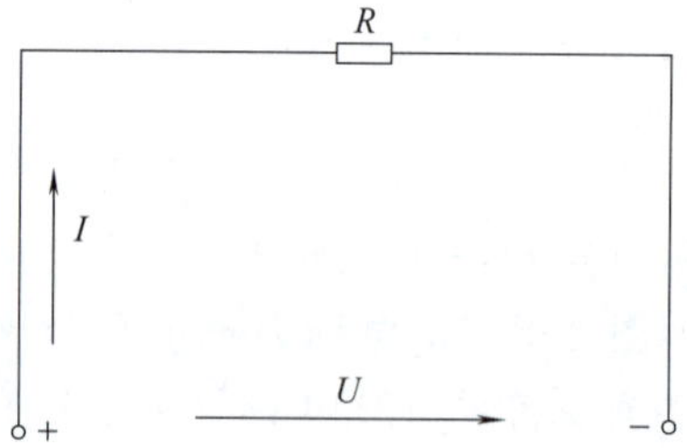


图 1-8　电功率示意图

**6. 电功率**

电功率是指单位时间内电场力所做的功，它表示电流做功的快慢，如图 1-8 所示。

$$P=UI=I^2R=\frac{U^2}{R}$$

式中 $P$——电功率，单位是瓦（W）。

电功率的换算关系为：1 兆瓦（MW）=1000 千瓦（kW），1 千瓦（kW）=1000 瓦（W），1 瓦（W）=1000 毫瓦（mW）。

**7. 欧姆定律**

（1）部分电路欧姆定律。电阻 $R$ 上的电压参考方向与电流参考方向是一致的，称为关联参考方向。此时，部分电路欧姆定律可以用公式表示为

$$I=\frac{U}{R}$$

当 $U$、$I$ 均为非关联参考方向（$U$、$I$ 参考方向相反）时，欧姆定律应写成 $I=-\frac{U}{R}$，式中“−”号切不可漏掉。

电阻值不随电压、电流变化而变化的电阻称为线性电阻，由线性电阻组成的电路称为线性电路。阻值随电压、电流的变化而改变的电阻，称为非线性电阻，含有非线性电阻的电路称为非线性电路。

（2）全电路欧姆定律。全电路是一个由电源和负载组成的闭合电路，对全电路进行分析研究时，必须考虑电源的内阻。如图 1-9 所示，$R$ 为负载的电阻、$E$ 为电源电动势、$r$ 为电源的内阻。

全电路欧姆定律可用公式表示为

$$I=\frac{E}{R+r}$$

式中　$E$——电源电动势，单位是伏特（V）；

$R$——负载电阻，单位是欧姆（Ω）；

$r$——电源内阻，单位是欧姆（Ω）；

$I$——闭合电路中的电流，单位是安培（A）。

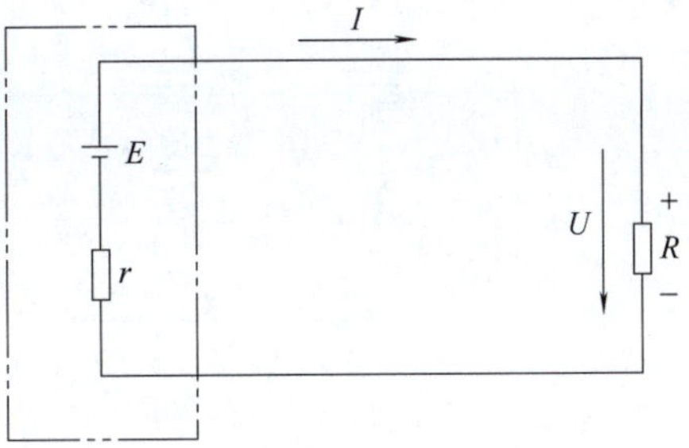

图 1-9　全电路欧姆定律图示

闭合电路中的电流与电源电动势成正比，与电路的总电阻（内电路电阻与外电路电阻之和）成反比。

外电路电压 $U_W$ 又称为路端电压或端电压，$U_W=E-rI$。当 $R$ 增大时，$I$ 减小，$rI$ 减小，$U_W$ 增大。当 $R\sim\infty$（断路），$I\sim 0$，则 $U_W=E$，断路时端电压等于电源电动势。

**【例题 1】** 部分电路欧姆定律练习。

某段电路的电压是一定的，当接上 10Ω 的电阻时，电路中产生的电流是 1.5A；若用 25Ω 的电阻代替 10Ω 的电阻，电路中的电流为多少？

**解：** 电路中电阻为 10Ω 时，由欧姆定律得

$$U=RI=10\times1.5=15(\text{V})$$

用 25Ω 的电阻代替 10Ω 的电阻，电路中电流 $I'$ 为

$$I'=\frac{U}{R'}=\frac{15}{25}=0.6(\text{A})$$

**【例题 2】** 全电路欧姆定律分析。

有一闭合电路，电源电动势 $E=12\text{V}$，其内阻 $r=2\Omega$，负载电阻 $R=10\Omega$，试求：电路中的电流、负载两端的电压、电源内阻上的电压降。

**解：** 根据全电路欧姆定律

$$I=\frac{E}{R+r}=\frac{12}{10+2}=1(\text{A})$$

由部分电路欧姆定律，可求负载两端电压

$$U_w=RI=10\times1=10(\text{V})$$

电源内阻上的电压 $U_N$ 降为

$$U_N=rI=2\times1=2(\text{V})$$

**8. 电路的连接方式**

（1）串联电路。把用电设备依次连接起来，组成中间无分支的电路，称为串联电路。如图 1-10 所示为三个电阻组成的串联电路。

串联电路的特点：

① 串联电路中电流处处相等。

当 $n$ 个电阻串联时，则

$$I_1=I_2=I_3=\cdots=I_n$$

② 电路两端的总电压等于串联电阻上分电压之和，即

$$U=U_1+U_2+U_3+\cdots+U_n$$

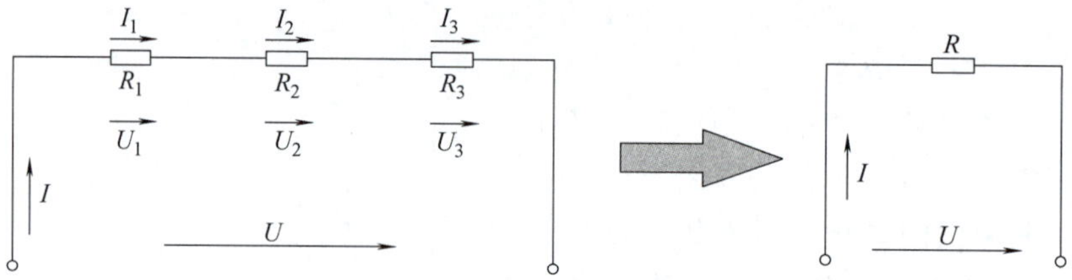


图 1-10　串联电路

③ 电路的总电阻等于各串联电阻之和。

$R$ 称为 $R_1$、$R_2$ 串联的等效电阻，其意义是用 $R$ 代替 $R_1$、$R_2$ 后，不影响电路的电流和电压。当 $n$ 个电阻串联时，则

$$R=R_1+R_2+R_3+\cdots+R_n$$

④ 串联电路中的电压分配和功率分配关系。

由于串联电路中的电流处处相等，所以

$$I=\frac{U_1}{R_1}=\frac{U_2}{R_2}=\cdots=\frac{U_n}{R_n}\quad I^2=\frac{P_1}{R_1}=\frac{P_2}{R_2}=\cdots=\frac{P_n}{R_n}$$

上述两式表明，串联电路中各个电阻两端的电压与各个电阻的阻值成正比；各个电阻所消耗的功率也和各个电阻阻值成正比。推广开来，当串联电路由 $n$ 个电阻构成时，可得串联电路分压公式

$$\begin{cases}U_1=\dfrac{R_1}{R_1+R_2+R_3+\cdots+R_n}U\\U_2=\dfrac{R_2}{R_1+R_2+R_3+\cdots+R_n}U\\\cdots\cdots\\U_n=\dfrac{R_n}{R_1+R_2+R_3+\cdots+R_n}U\end{cases}$$

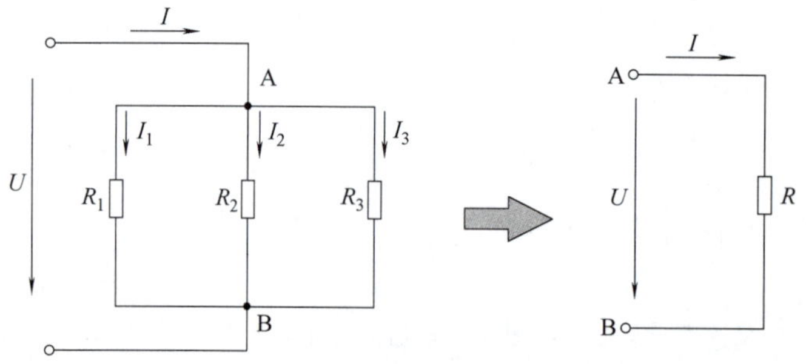


图 1-11　并联电路

（2）并联电路。如图 1-11 所示把两个或两个以上的用电设备接到电路中的两点之间，电阻两端承受同一个电压的电路，称为并联电路。

并联电路的特点：

① 电路中各个电阻两端的电压相同，即

$$U_1=U_2=U_3=\cdots=U_n$$

② 并联电路总电流等于各支路电流之和，即

$$I=I_1+I_2+I_3+\cdots+I_n$$

③ 并联电路的总阻值的倒数等于各并联电阻的倒数的和，即

$$\frac{1}{R}=\frac{1}{R_1}+\frac{1}{R_2}+\frac{1}{R_3}+\cdots+\frac{1}{R_n}$$

④ 电阻并联电路的电流分配和功率分配关系。

在并联电路中，并联电阻两端电压相同，所以

$$U=R_1I_1=R_2I_2=R_3I_3=\cdots=R_nI_n \quad U^2=R_1P_1=R_2P_2=R_3P_3=\cdots=R_nP_n$$

上式表明，并联电路中各支路电流与电阻成反比；各支路电阻消耗的功率和电阻成反比。当两个电阻并联时，通过每个电阻的电流可以用分流公式计算，分流公式为

$$\begin{cases} I_1=\dfrac{R_2}{R_1+R_2}\cdot I \\ I_2=\dfrac{R_1}{R_1+R_2}\cdot I \end{cases}$$

在电阻并联电路中，电阻小的支路通过的电流大；电阻大的支路通过的电流小。电阻并联电路在日常生活中应用十分广泛，例如：照明电路中的用电器通常都是并联供电的。只有将用电器并联使用，才能在断开、闭合某个用电器的开关时，或者某个用电器出现断路故障时，保障其他用电器能够正常工作。

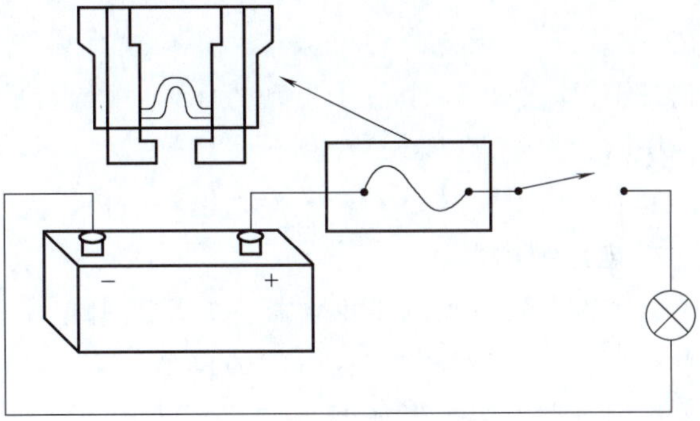


图 1-12 保险安装位置和保险作用

### （二）汽车电工基础原件

#### 1. 电路保险丝

（1）保险丝的作用。保险丝的最基本作用是当电路电流异常并且超过其额定电流时熔断起到电路保护的作用，如图 1-12 所示。

（2）保险丝的种类。

① 管式熔断器，如图 1-13 所示。

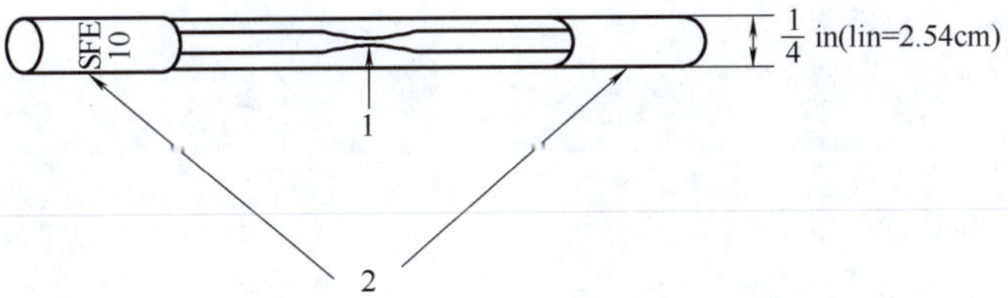


图 1-13 管式熔断器

1—锡丝 2—端盖

② 插片式熔断器。

插片式保险丝拥有工程塑料外壳，包裹着锌或铜制成的熔体结构，金属熔体和插脚连接，如图 1-14 所示。

（3）插片式保险丝的规格。汽车插片式保险丝的规格一般为 2～40A，如图 1-15 所示，其安培数值会在保险丝的顶端标注。如果保险丝烧坏了让安培数值无法辨认的话，我们还可以通过它的颜色来判断，国际标准上：2A 灰色、3A 紫色、4A 粉色、5A 橘黄、7.5A 咖啡色、10A 红色、15A 蓝色、20A 黄色、25A 无色透明、30A 绿色、40A 深橘色。

（4）保险丝安装位置。由于汽车上的零部件和电子设备很多，而且每个设备都会装有保险丝，因此为了便于日后的维修，每辆车在设计之初，设计师便把汽车保险丝都集中设

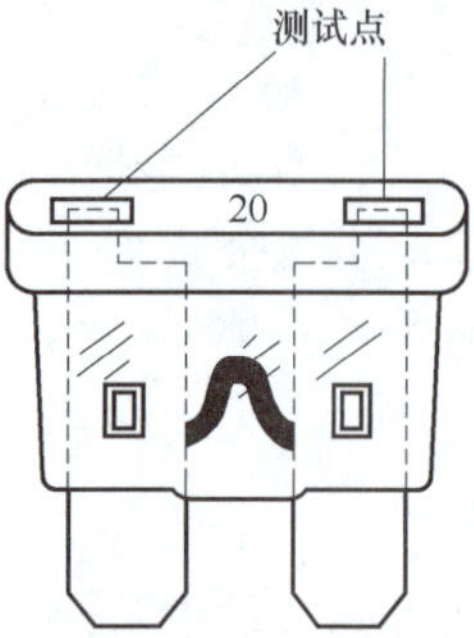


图 1-14 插片式熔断器

图 1-15 插片式保险丝

计在一个地方，而这个地方被称为继电器保险丝盒，如图 1-16 所示。一般一辆车拥有两个到三个保险盒，一个位于发动机舱内，负责汽车外部用电器的保险丝，如发动机控制单元、喇叭、玻璃清洗器、ABS、大灯等；另一个在驾驶员左侧附近，管理着车内的用电器，例如车窗升降器、安全气囊、电动座椅、点烟器等。

**2. 电路继电器**

（1）继电器的概念。继电器是自动控制电路中常用的一种器件，它是利用电磁感应原理以较小的电流来控制较大电流的自动开关，在电路中起着自动操作、自动调节及安全保护等作用，继电器外形如图 1-17 所示。

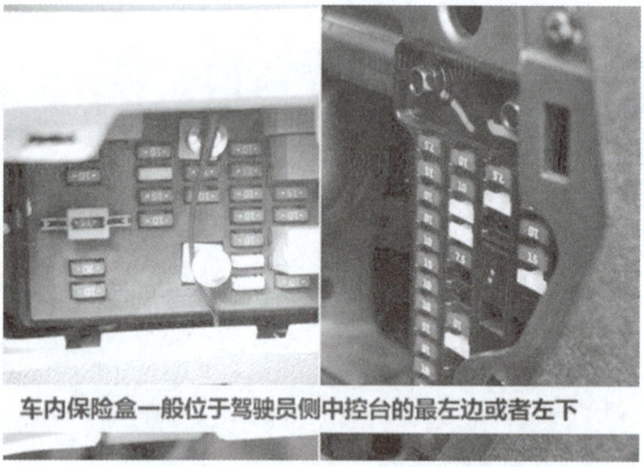


图 1-16 保险丝盒

图 1-17 继电器外形图

（2）继电器工作原理。当磁继电器线圈两端加上一定的电压或电流，线圈产生的磁通通过铁芯、衔铁、磁路工作气隙组成磁路，在磁场的作用下，从而推动常闭触点断开，常开触点闭合；当线圈两端电压或电流小于一定值时，机械反力大于电磁吸力时，衔铁回到初始状态，常开触点断开，常闭触点接通，如图 1-18 所示。

（3）继电器在汽车上的运用及其作用。继电器是一种电子控制器件，它具有控制系统（又称输入回路）和被控制系统（又称输出回路），它实际上是用较小的电流去控制较大电流的一种“自动开关”，故在电路中起着自动调节、安全保护等作用，如图 1-19 所示。

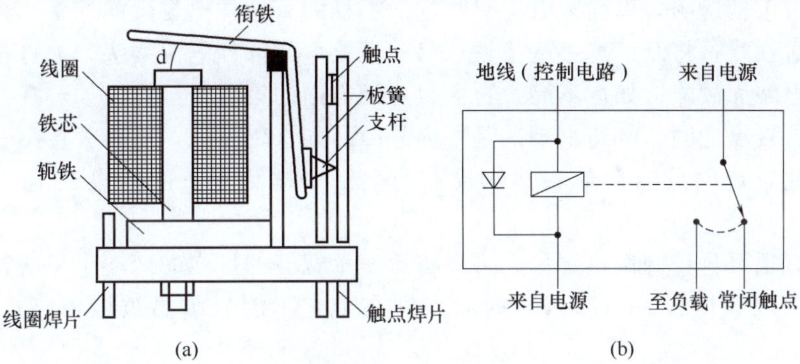


图 1-18　继电器内部结构图

（a）结构　（b）符号

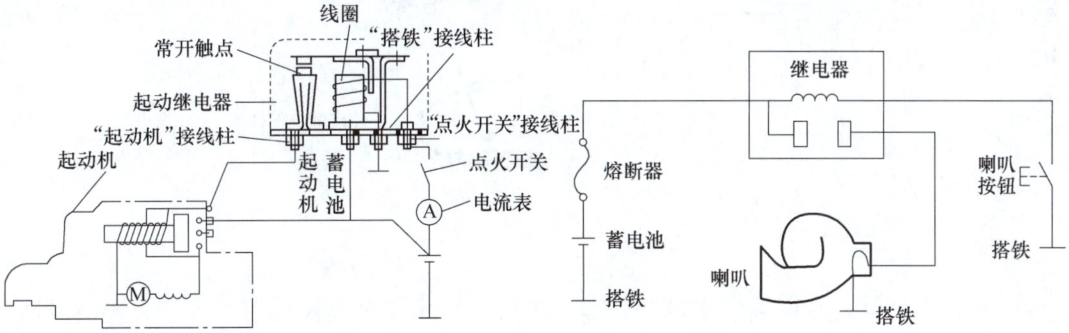


图 1-19　继电器在起动电路及喇叭电路中的使用

## （三）汽车电气检修相关工具

### 1. 跨接线

常用工具当中的跨接线，是遇到有障碍或需跨越连接两个金属体的连接体。工程上，一般常用来做机柜、桥架、线槽、钢筋、金属管等金属物体之间的接地跨接线，跨接线有导线、圆钢、扁钢、扁铜等各种材料和各种型号。简单的跨接线就是一段多股导线。在电路检测中，经常根据被检测电路所在工作条件实时地制作和使用跨接线，如图 1-20 所示。

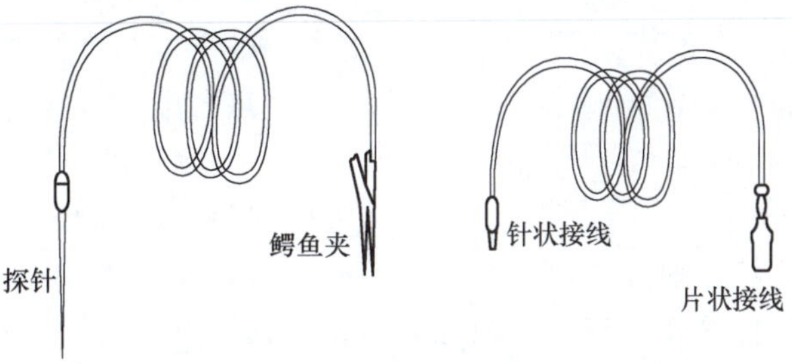


图 1-20　跨接线

### 2. 试灯

按试灯自身有无电源，分为无源试灯和有源试灯。

（1）无源试灯（12V 测试灯）。如图 1-21 所示，可以看到无源试灯的基本结构。无源试灯主要由试灯、导线、搭铁夹和带手柄的探针或各种型号端头组成。它主要是用来检查系统电源电路是否给电气部件提供电源。无源试灯中一般安装一个与车辆电压级别一致的小灯泡或采用发光二极管作为光源。

无源试灯手柄透明，里面装有一只灯泡。手柄的一端伸出带尖的探头，另一端引出一根带夹子的搭铁线。将测试灯一端搭铁，另一端接电气部件电源接头，如灯亮，说明电气部件的电源电路无故障；如灯不亮，再去接电源方向的第二个接点，如灯亮，则故障在第一接点与第二接点之间，电路出现的是断路故障。如灯仍不亮，则再去接第三个接点……直到灯亮为止，说明故障在最后被测接点与上一个被测接点间的电路上，大多为断路故障。

无源试灯也可自行制作，例如，可以将汽车示宽灯的灯泡的两端子一端连接探针，另一端连接搭铁线夹即可。无源试灯的局限性在于它不能显示出被检电路点的电压值是多少。

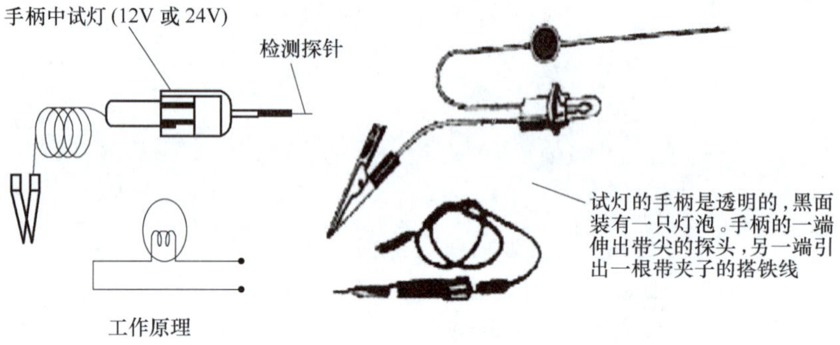


图 1-21　无源试灯

（2）有源试灯。有源试灯也被称导通检测器，用来检查电路是否导通。有源试灯同无源试灯类似，如图 1-22 所示，只是在手柄内自带一个电池电源（一般为两节 1.5V 干电池），连接到一条导线的两端上，测试线路的断路和短路故障。

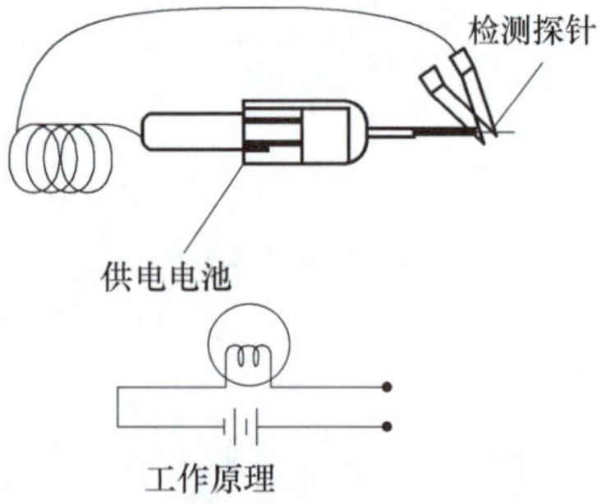


图 1-22　有源试灯

① 断路检查。首先断开与被检测电气部件相连接的电源电路，将测试灯一端搭铁，另一端接电路各接点（从电路首端开始）。如果灯不亮，则断路出现在被测点与搭铁之间；如灯亮，断路则出现在此时被测点与上一个被测点之间。

② 短路检查。首先断开电气部件电路的电源线和搭铁线，测试灯一端搭铁，一端与余下电气部件电路相连接，如灯亮，表示有短路故障（搭铁）存在，然后逐步将电路中插接器脱开，开关打开，拆除部件等，直到灯灭为止，则短路出现在最后开路部件与上一个开路部件之间。

**3. 汽车数字万用表**

（1）数字万用表。如图 1-23 所示为 DY2201A 型数字式汽车万用表（包括测试笔、温度探头），表盘符号意义如下：“V～”——交流电压挡，“V —”——直流电压挡，“A～”——交流电流挡，“A—”——直流电流挡，“Ω”——电阻挡，“Hz”——频率挡，“hFE”（三极管的电流放大倍数）——晶体管测试挡，“F”——电容挡，“℃”——温度挡，“F”——电容挡，DUTY——占空比，TEMP——温度探头插口，COM——公共端，POWER——电源开关，HOLD——锁屏按键。

（2）汽车专用数字式万表使用方法。

① 电压的检测。测量直流电压时，将万用表置于直流电压挡合适量程位置，电压表应与被测电路并联，红表笔接正极，黑表笔接负极。

直流电压的量测：首先将黑表笔插进“COM”孔，红表笔插进“VΩ”孔。数值可以直接从显示屏上读取，若显示为“1.”，则表明量程太小，需调大量程后再次量测。如果在数值左边出现“—”，则表明表笔极性与实际电源极性相反，此时红表笔接的是负极。

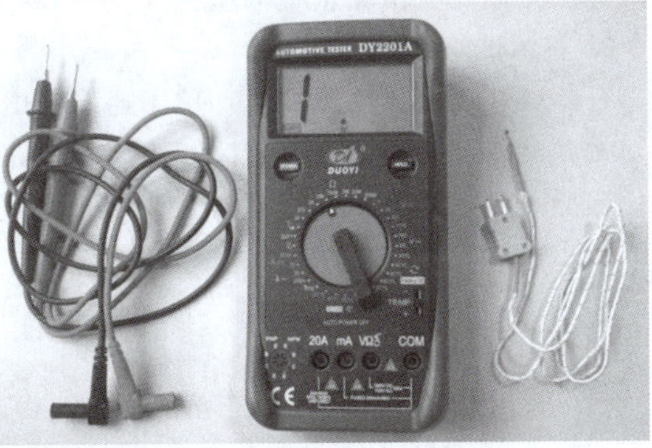

图 1-23　DY2201A 型数字式汽车万用表

交流电压的量测：表笔插孔与直流电压的量测一样，不过应该将旋钮转至交流挡“V～”处所需的量程即可。交流电压无正负之分，量测方法跟前面相同。

无论测交流还是直流电压，都要注意人身安全，不要随便用手触摸表笔的金属部分。

② 电流的检测。将万用表置于直流电流挡合适位置，测量直流电流时电流表必须与所测电路串联。万用表直流电流挡标有 1mA、10mA、100mA 三挡量程。选择量程时，应估算电路中的电流大小，选择合适的量程进行测量。测量时电路相应部分断开后，将万用表表笔连接在断点的两端。

③ 电阻的检测。测量电阻时，电路必须处于断开状态，每一次测量前需对万用表进行调零，即将万用表的红、黑表笔短接进行校零。将量程旋钮转至“Ω”挡的合适量程，红表笔插入“V Ω”孔，黑表笔插入“COM”孔。如果被测电阻值超出所选择量程的最大值，万用表将显示“1.”，此时应选择更大的量程进行测量。测量电阻时，红表笔为正极，黑表笔为负极。测量晶体管、电解电容器等有极性的元器件时，必须注意表笔的极性。

## 五、任务实施

### （一）跨接线的使用

跨接线主要测试所跨过的部位存在开路（断路）故障，测试对象为开关、连接器和导线段，切勿将跨接导线直接跨接在用电设备的两端，如图 1-24 所示，其中 a、b、d 处为正确使用方法，c 处为错误使用方法。

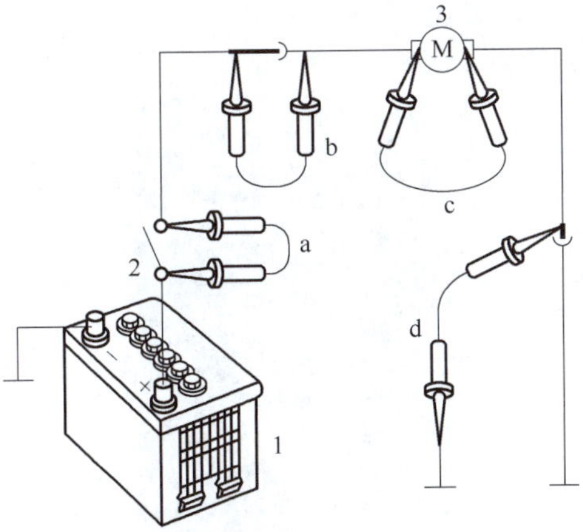

图 1-24　跨接线的使用

1—蓄电池　2—开关　3—用电设备

### （二）试灯的使用

**1. 无源试灯**

无源试灯测试所检测点是否有电压，如图 1-25 所示。

将无源试灯的一条端子接地，用另一条端子沿电路接触不同的点，检测是否有电压，如果试灯点亮，表明检测点有电压。

**2. 有源试灯**

有源试灯（通导性测试笔）用于通导性电路检查。

无源电路（断开蓄电池或拆卸为所测电路供电的熔断器）即无外部供电，也无内部电源。选择两点，将通导性测试笔的两条引线连接至两点，灯泡会点亮，电路导通，如图1-26所示。

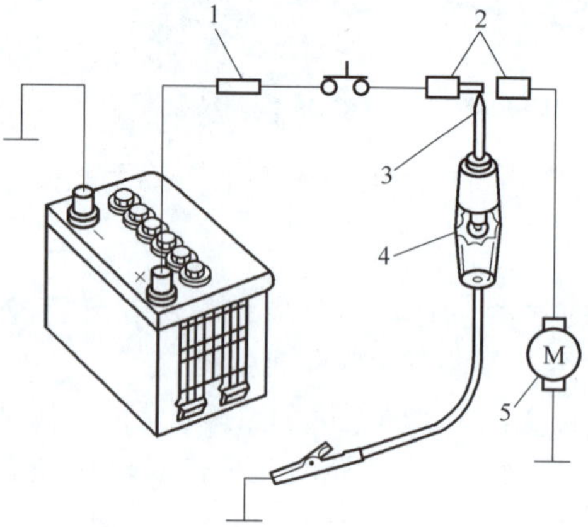


图 1-25　无源试灯的使用

1—电阻　2—被测点　3—检测探针　4—灯泡　5—用电设备

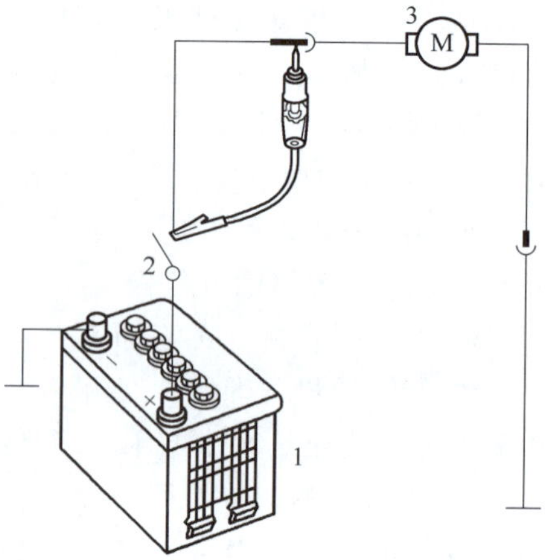


图 1-26　有源试灯的使用

1—蓄电池　2—开关　3—用电设备

教学视频

万用表的使用

**（三）万用表的使用**

**1. 电阻的测量**

首先红表笔插入“VΩ”孔，黑表笔插入“COM孔”，量程旋钮选择“Ω”挡适当位置，分别用红、黑表笔接到电阻两端金属部分，读出显示屏上显示的数据，如图1-27所示。

**2. 直流电压的测量**

首先红表笔插入“VΩ”孔，其次黑表笔插入“COM孔”，量程旋钮选择“V—”挡适当位置，读出显示屏上显示的数据，如图1-28所示。

图 1-27　电阻的测量

图 1-28　直流电压的测量

**3. 交流电压的测量**

将红表笔插入“VΩ 孔”，黑表笔插入 COM 孔，量程旋钮选择“V～”挡适当位置，读出显示屏上显示的数据，如图 1-29 所示。

交流电压无正负之分，测量方法跟前面相同。无论测交流还是直流电压，都要注意人身安全，不要随便用手触摸表笔的金属部分。

**4. 直流电流的测量**

断开电路，黑表笔插入“COM”孔，红表笔插入“mA”或者“20A”孔，量程旋钮转至“A～”交流电流挡或“A－”直流电流挡，并选择合适的量程，断开被测线路，将数字万用表串联入被测线路中，被测线路中电流从一端流入红表笔，经万用表黑表笔流出，再流入被测线路中，然后接通电路，读出显示屏数据，如图 1-30 所示。

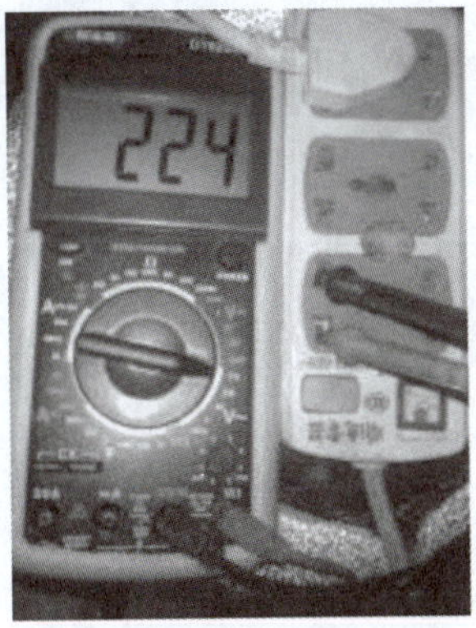

图 1-29　交流电压的测量

图 1-30　直流电流的测量

将万用表串进电路中，保持稳定，即可读数。若显示为“1.”，那么就要加大量程。如果在数值左边出现“－”，则表明电流从黑表笔流入万用表。

**5. 电路通导性测试**

(1) 将万用表的功能选择开关置于电路导通/二极管测试挡位。

(2) 将万用表的两测试导线接入被测试电路。

(3) 若万用表的蜂鸣器发出报警声，表明所测电路没有断路情况。

**6. 二极管的测量**

将红表笔插入“VΩ”孔，黑表笔插入“COM”孔，功能选择开关选择二极管挡位；红表笔接二极管正极，黑表笔接二极管负极，读出显示屏上数据。两表笔换位，若显示屏上为“1.”，正常；否则此管被击穿，如图 1-31 所示。

图 1-31　二极管的测量

## 六、任务工单

**汽车电路检测工具任务工单**

<table>
<tr><td>任务名称</td><td>汽车电路检测工具的使用</td><td>学号</td><td></td><td>日期</td><td></td></tr>
<tr><td>任务要求</td><td colspan="5">了解汽车电路检测工具的使用，制定工作计划，从而掌握在故障诊断与排除中检测工具的使用</td></tr>
<tr><td colspan="6">汽车常见的检测工具有：跨接线、试灯、万用表<br>1. 跨接线的使用（描述步骤，列出结果）<br><br><br>2. 试灯的使用（描述步骤，列出结果）<br><br><br>3. 数字式万用表（描述步骤，列出结果）<br>（电阻的测量、电压的测量、二极管的测量、导通性的测量）<br><br><br>4. 总结<br><br></td></tr>
</table>

# 任务二　丰田汽车电路识图

教学课件

电路图的识读

## 一、任务目标

**知识与技能：**

（1）掌握丰田汽车电路图的表达方法及其特点。

（2）掌握丰田汽车电气系统的组成、控制元件及电路图。

（3）学会在电路图中查找各组成部件。

（4）初步掌握丰田车系的全车电路图的分析方法。

**过程与方法：**

（1）通过小组合作、讨论，培养学生团队协作能力。学会分析丰田汽车电路图。

（2）通过直观的实践操作，激发学生学习的热情。

（3）通过利用多种形式的学习资源，引导学生自主学习，进而培养他们分析处理问题和主动学习的能力。

**情感态度价值观：**

（1）培养学生认真、严谨的学习态度。

（2）充分调动学生的能动性，发挥团队的协作作用。

（3）树立正确的学习观，养成良好的学习习惯，建立学习自信心。

## 二、任务描述

为理解系统线路图并能找到故障，必须知道零件在车辆上的安装部位及其零件间的相互连接关系。电路图即为每一种车辆型号而配备。本任务以 2016 款丰田卡罗拉为例，介绍汽车电路图。

## 三、任务分析

汽车电路图的作用主要为了方便维修人员根据电路图展开维修任务。国际上没有统一的汽车电路图标准，各汽车生产厂家按照自身的要求设计出汽车电路原理图，主流的汽车电路原理图分为日系电路图、德系电路图、美系电路图。本任务分析日系丰田卡罗拉车型电路图，日系电路图较德系、美系电路图更通俗、易懂，对于初学者来说相对容易理解。

## 四、相关知识链接

### （一）汽车电气系统的组成

#### 1. 电源系统

电源系统包括蓄电池和发电机。发电机是汽车上的主要电源，蓄电池是辅助电源。当发电机工作时，由发电机向全车用电设备供电，同时给蓄电池充电。蓄电池的作用是起动发动机时向起动机供电，当发电机不工作时向用电设备供电。

#### 2. 起动系统

起动系统包括起动机、起动继电器、点火开关及起动保护装置等，其作用是供给发动机曲轴的起动转矩，使发动机曲轴达到必要的起动转速，并进入自行运转状态。

#### 3. 点火系统

点火系统（汽油机）包括点火线圈、点火控制器、点火开关、火花塞等，其作用是将低压电转化为高压电，让火花塞点燃气缸内的可燃混合气。

#### 4. 照明和信号系统

照明系统包括车内外各种照明灯，有前大灯、雾灯、示宽灯等，其作用是确保车辆内外一定范围内合适的亮度；信号系统包括电喇叭、转向灯、倒车灯、制动灯等，其作用是告示行人、车辆引起注意，提供安全行车所必需的信号。

#### 5. 仪表和报警系统

仪表包括发动机转速表、车速里程表、燃油表、水温表、电压表、机油压力表等；报警系统包括各种报警指示灯及控制器，其作用是显示汽车运行参数及交通信息，报警运行性机械故障，确保行车、停车的安全、可靠。

**6. 辅助电器系统**

辅助电器系统包括电动刮水器、风窗洗涤器、空调、中控门锁、电动车窗和电动座椅等。其作用是提高车辆的安全性、舒适性、经济性。

**7. 电子控制装置**

电子控制装置由电子控制燃油喷射装置、巡航控制系统、自动变速器和防抱死制动装置等组成。

丰田汽车电路图为车上设备都有专门的符号，如图 1-32 所示。

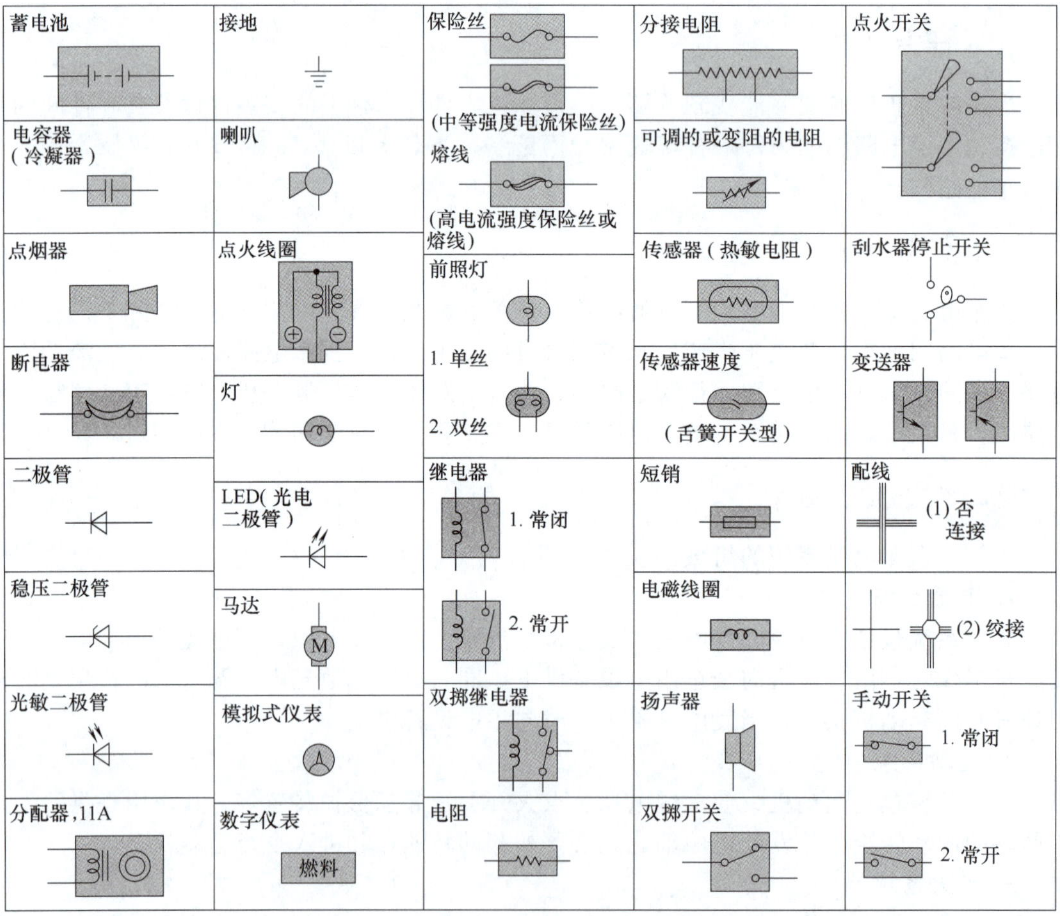


图 1-32　丰田电路图术语和符号词汇表

## （二）汽车电器的特点

汽车的种类很多，各种汽车电器设备的数量不等，其安装位置、接线方法等也各有差异，但不论进口汽车还是国产汽车，也不论是大车还是小车，其电器电路的设计一般都遵循一定的规律。知道了这些特点，对我们了解汽车电器有很大的帮助。其特点如下。

**1. 单线制**

单线制，就是利用汽车发动机、底盘、车身等金属机件作为各种电器设备的共用连线

（俗称搭铁），而用电设备到电源只需另设一根导线。

**2. 电源负极搭铁**

负极搭铁，就是将蓄电池的负极用搭铁线连接到发动机或底盘等金属体上。我国标准中规定发电机、蓄电池必须以负极搭铁。采用负极搭铁方式的好处是：由于电化学的作用，不仅使汽车车架和车身均不易锈蚀，而且汽车电器对无线电设备（例如汽车音响、通信系统等）的干扰也较电源正极搭铁方式小。

**3. 两个电源**

两个电源，是指蓄电池和发电机。

**4. 用电设备并联**

用电设备并联，是指汽车上的各种用电设备都采用并联方式与电源连接，每个用电设备都由各自串联在其支路中的专用开关控制，互不产生干扰。

**5. 低压直流供电**

为了简化结构和保证安全，汽车电器设备采用低压直流（DC）供电。柴油车大多采用低压24V DC供电（由两个12V蓄电池串联供电），汽油车大都采用12V DC电压供电。汽车运行中的电压，一般12V系统的为14V，24V系统为28V。

**6. 安装有保险装置**

为了防止电路和元器件因搭铁或短路而烧坏电线束和用电设备，各种类型的汽车上均安装有保险装置。这些保险装置有的串接在元器件（或零部件）回路中，也有的串接在支路中。

**7. 大电流开关通常加中间继电器**

汽车中大电流的用电器如起动机、电喇叭等工作时的电流很大（例如汽油机车起动机的电流一般为100～200A），如果直接用开关控制它们的工作状态，往往会使控制开关过早损坏。因此，控制大电流用电设备的开关常采用加装中间继电器的方法，即采用控制继电器线圈的小电流，由继电器闭合后的触点为用电设备提供大电流。

**8. 具有充放电指示**

汽车上蓄电池的充电、放电情况一般由电压表指示，也有用指示灯指示。对于前者，当蓄电池向外供电、发电机向蓄电池充电时，都可从电压表上指示出来。对于后者，发动机未起动或低速运转时点亮，一旦发动机运转带动发电机转速超过1000r/min，充电指示灯熄灭，表示处于充电状态。

**9. 汽车电路上有颜色和编号特征**

随着汽车用电设备的增加，导线数量和种类也在不断增多，为便于识别和检修汽车电气设备，电路中的低压线通常由不同的颜色组成，并在汽车电器线路图上用字母代号标注出。

### （三）全车电路识图基础

**1. 电器元件的表示方法**

汽车电器元件的结构比较复杂，如果直接在电路图上画出电器元件将使电路图异常复杂，也不容易看懂，因此电路图在绘制中都采用相应的符号来表示各种电器元件。目前世界各大汽车生产厂商还没有统一电路图的符号，但从目前的汽车电路图来看，虽然符号不尽相同，但差别不大，并且电路图都有相应的说明解释所采用的符号，所以在本书中只以丰田车系的电路图符号为例说明用电路符号表示电器元件的方法。插接器的表示方法，如

图 1-33 所示。

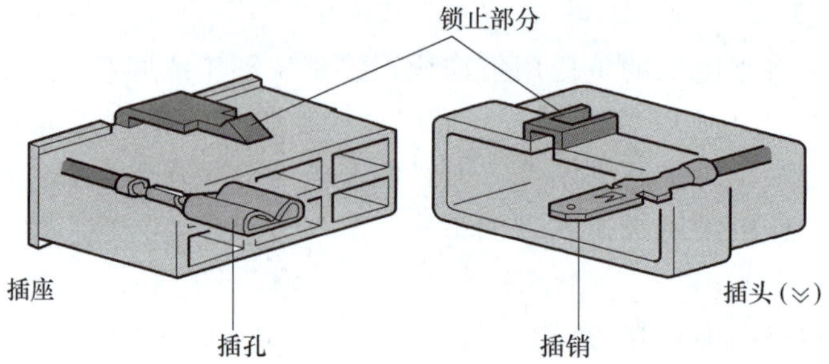


图 1-33　插接器的表示方法

**2. 电线的表示方法**

在电路图中通常以线条表示电线，电线的颜色以字母表示，表示颜色的字母通常为英语中该种颜色单词的第一个字母或第二个字母。表示颜色的字母，各个制造厂商可能有所不同，具体情况需参照相应的修理手册。如果电线表面有色条，则用两个字母加一个连字符表示，连字符前面的字母表示底色，连字符后面的字母表示色条的颜色，如图 1-34 所示。此外还有厂商将导线的截面积也用数字表示出来。线路颜色也包括条纹颜色，如“L—W”，第一个字母代表线路底色，第二个字母代表条纹颜色。

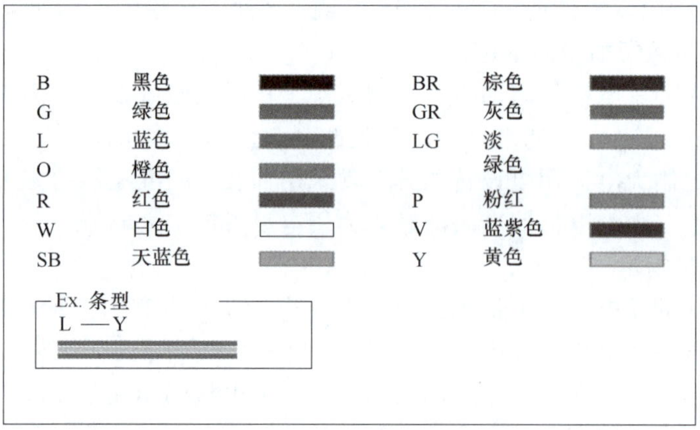


图 1-34　丰田电路图导线颜色表示方法

**3. 丰田卡罗拉电气系统电路图**

由于目前车辆的电气设备数量越来越多，所以电路图的内容也越来越多，电路图从过去的一两页到目前的几页、十几页甚至几十页。为了比较清楚地将电路的内容表达清楚，目前各公司电路图的编排基本是按系统编排的，每个系统的电路从上到下依次为：电源线、开关、继电器和用电设备、搭铁线，通常蓄电池和发电机都画在电路图的最左面，通过主保险与电源线连接，各个系统通过保险与电源线连接，开关、继电器和用电设备的下方接搭铁线，在搭铁线上还标有搭铁点的位置。图 1-35 为丰田卡罗拉喇叭电路图。

丰田电路图特点是汽车电器元件的颜色是用天蓝色标识，电源与负载通过导线、组合开关、连接器、连接线、接线器、接线盒、继电器盒、连接器插销号、线束连接器、结合点和接地点等部分组成。

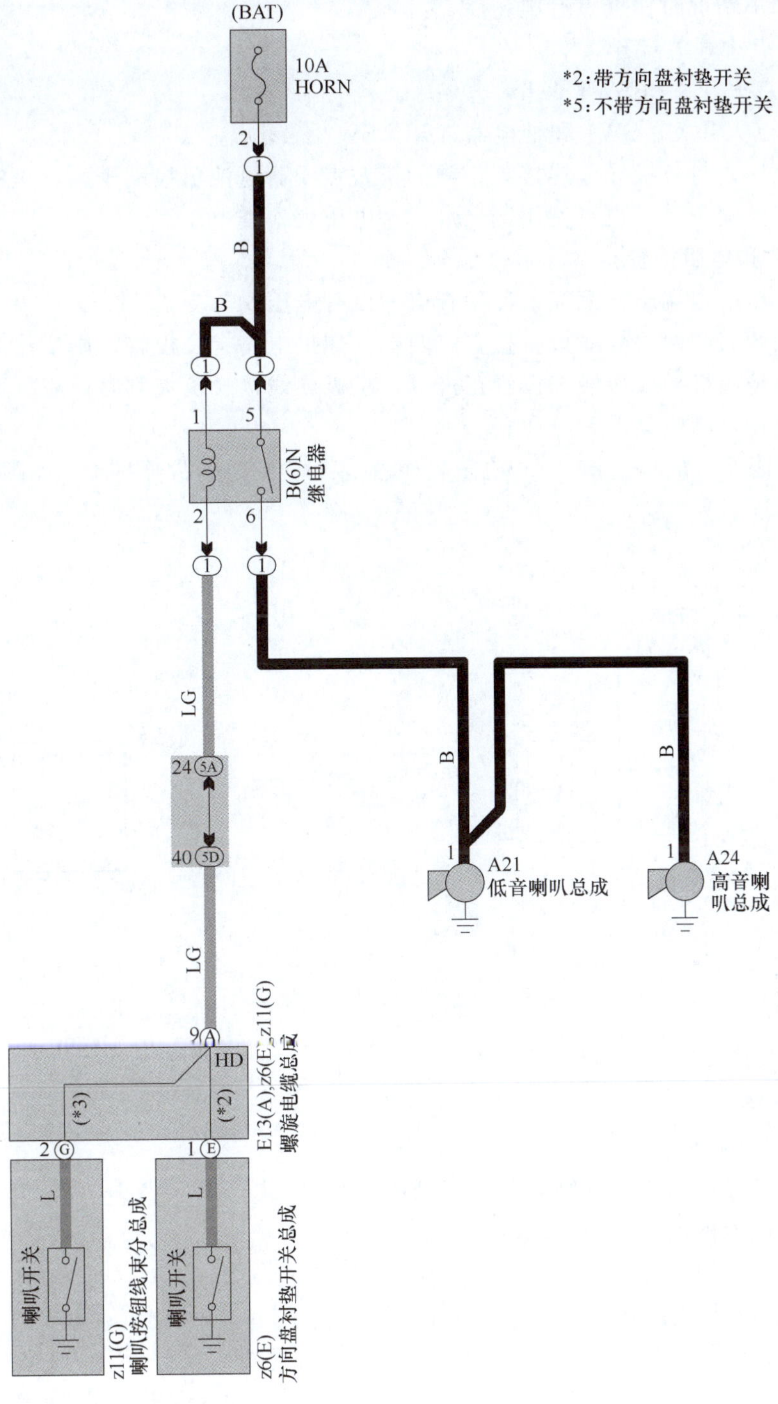


图 1-35 丰田卡罗拉喇叭电路图

## 五、任务实施

### 1. 电压检测

以图 1-36 为例进行检测。

（1）在如下情况时检查点有电压。

[A]——点火开关打开

[B]——点火开关和 SW1 打开

[C]——点火开关、SW1 和继电器打开（SW2 关闭）

（2）用电压表将负极导线连接到正常的搭铁点或蓄电池负极端子上，正极导线连接到连接器或零部件端子上。也可使用测试灯代替电压表检查电压。

**2. 导通性和电阻检查**

（1）断开蓄电池端子或配线，使检查点间没有电压。

（2）用欧姆表的两根导线接触检查点两端。如果电路有二极管，则反接两根导线，再次进行检查。将负极导线接触二极管正极侧，正极导线接触负极侧时，应显示导通。如果将两根导线反接，则应显示不导通。

（3）用高阻抗（最小 10kΩ/V）电压表/欧姆表对电路进行故障排除，如图 1-37 所示。

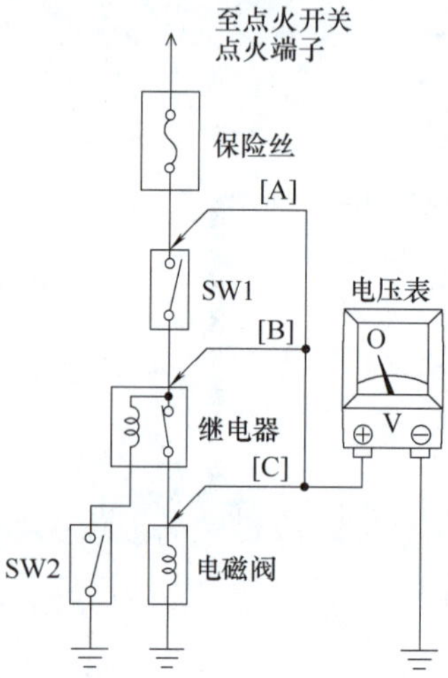


图 1-36　电压检测

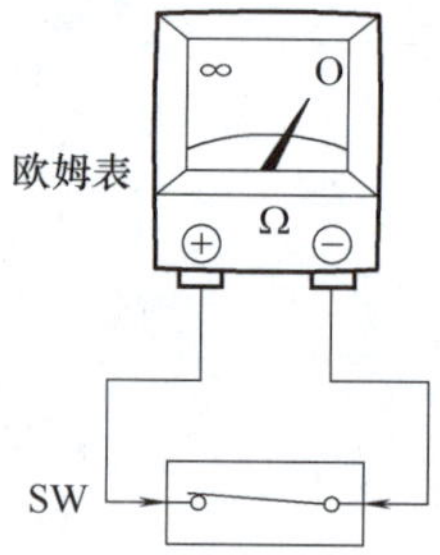


图 1-37　导通性和电阻检查

**3. 查找短路电路**

以图 1-38 为例进行检测。

（1）拆下熔断的保险丝并断开保险丝的所有负载。

（2）在保险丝的位置连接测试灯。

（3）在如下情况下测试灯亮。

[A]——点火开关打开

[B]——点火开关和 SW1 打开

[C]——点火开关、SW1 和继电器打开（连接继电器）和 SW2 关闭（或断开 SW2）

（4）查看测试灯时，断开并重新连接连接器。测试灯仍点亮的连接器和测试灯熄灭的连接器之间短路。

（5）沿车身轻微晃动故障线束以准确找出短路部位。

注意：

① 除非有绝对必要，否则不要打开盖或行车电脑（ECU）的壳。（如果接触 IC 端子，

则静电可能会损坏 IC）

② 更换数字仪表的内部装置（ECU 部分）时，小心不要使身体的任一部位或衣物接触到更换零件（备用零件）IC 等的导线端子。

**4. 断开阳连接器和阴连接器**

断开连接器时，只能拉连接器自身，而非线束。断开前，先检查要断开的是哪类连接器，如图 1-39 所示。

**5. 如何更换端子（带端子挡块或辅助锁止装置）**

（1）准备专用工具。

（2）断开连接器。

（3）脱开辅助锁止装置或端子挡块。

松开端子锁止夹或从连接器上拆下端子前，必须先脱开锁止装置；使用专用工具或端子起子解锁辅助锁止装置或端子挡块，如图 1-40 所示。

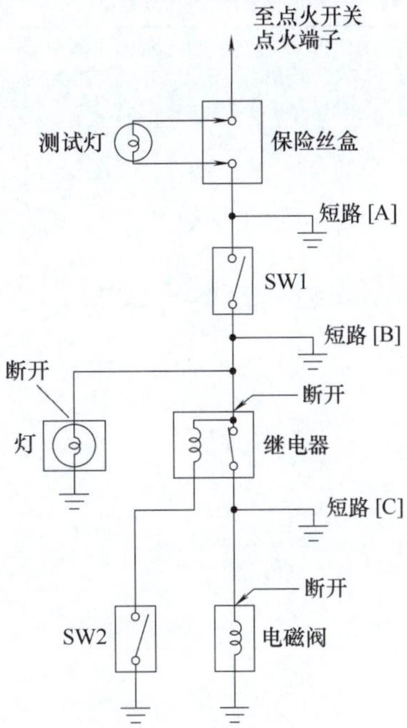


图 1-38 短路检测

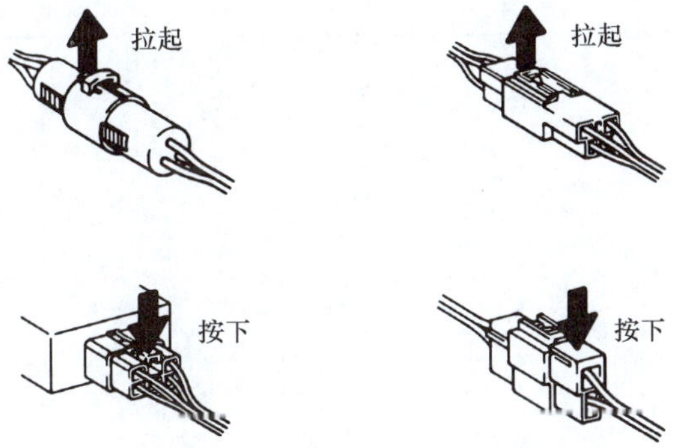


图 1-39 断开线束连接器

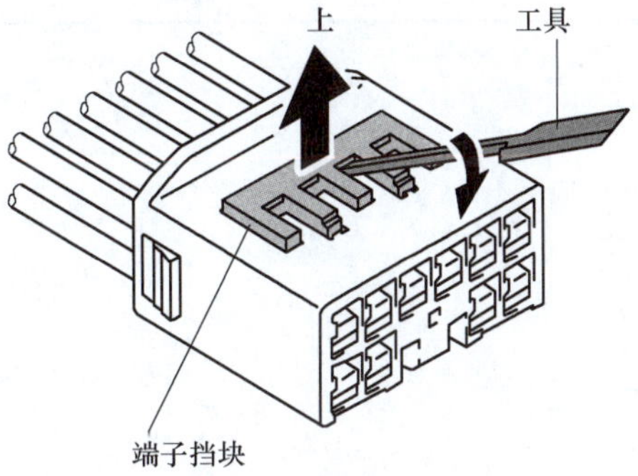


图 1-40 更换端子

## 六、任务工单

汽车电路检测任务工单

| 任务名称 | 汽车电路检测 | 学号 | | 日期 | |
|---|---|---|---|---|---|
| 任务要求 | 掌握汽车电路检测的具体方法，制定工作计划，从而掌握在故障诊断与排除中检测工具使用 | | | | |
| 1. 电压的检测（描述步骤，列出结果） | | | | | |

续表

| |
|---|
| 2. 导通性和电阻检查(描述步骤,列出结果)<br><br><br><br><br>3. 短路电路查找(描述步骤,列出结果)<br><br><br><br><br>4. 总结<br><br><br><br><br> |

# 项目二

# 汽车电源系统故障

## 任务一　蓄电池的拆装与检测

教学课件

蓄电池检测

### 一、任务目标

**知识与技能：**

（1）了解汽车蓄电池的组成。

（2）掌握蓄电池拆装的方法和步骤。

（3）掌握蓄电池检测的方法和步骤。

**过程与方法：**

（1）通过小组合作、讨论，培养学生团队协作能力。学会使用专用工具进行蓄电池的拆装与检测。

（2）通过直观的实践操作，激发学生学习的热情。

（3）通过利用多种形式的学习资源，引导学生自主学习，进而培养他们分析处理问题和主动学习的能力。

**情感态度价值观：**

（1）培养学生认真、严谨的学习态度。

（2）充分调动学生的能动性，发挥团队的协作作用。

（3）树立正确的学习观，养成良好的学习习惯，建立学习自信心。

### 二、任务描述

在汽车的维护保养中，蓄电池的维护与保养是常规项目。由于维修需要或者蓄电池达到使用年限需要对蓄电池进行拆装，正在使用的蓄电池是否满足使用要求需要对蓄电池进行检测。丰田汽车蓄电池拆装及检测与其他车型蓄电池检测方式相似，本任务学习如何对蓄电池进行拆装检测。

### 三、任务分析

蓄电池的检测内容有蓄电池的外观检查、电荷情况检测（要求用万用表检测法和高率放电计检测法两种方法进行检查）、电解液密度检测；蓄电池的检测只要求在工作台上进行，蓄电池不需要从车上拆下来。

## 四、相关知识链接

### （一）蓄电池的作用

（1）在起动发动机时，向起动机提供强大的起动电流，同时给点火系统、电子燃油喷射系统、仪表系统等用电设备供电。

（2）当发电机不发电或电压较低时，向交流发电机励磁绕组、点火系统以及其他用电设备供电。

（3）当发电机正常供电时，将发电机剩余电能转换为化学能储存起来。

（4）当发电机过载时，协助发电机向用电系统供电。

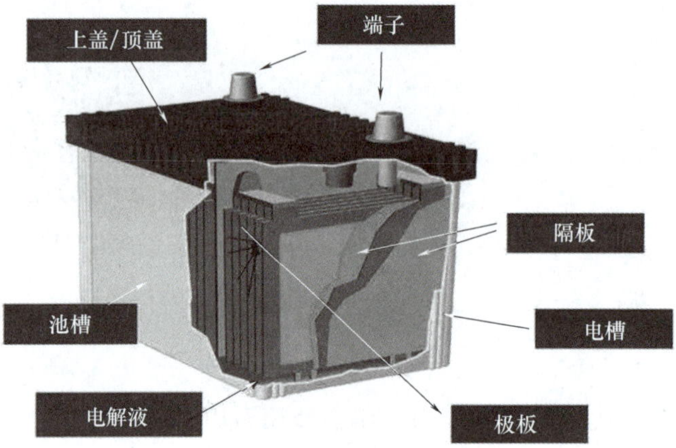


图 2-1　蓄电池的结构

（5）稳定电源电压、保护电子设备。蓄电池相当于一只大容量电容器，不仅能保持供电系统的电压稳定，而且还能吸收电路中出现的瞬时过电压，防止损坏电子设备。

### （二）蓄电池的构造

汽车常用的蓄电池为铅酸蓄电池，铅酸蓄电池由六只单格电池串联而成，每只单格电池的电压约为 2V（充满电时为 2.1V），串联后蓄电池电压为 12V。

铅酸蓄电池的结构如图 2-1 所示，其构件主要有极板、隔板、电解液、外壳、接线柱、联条等。

**1. 极板**

极板（Plate）是蓄电池的核心构件，由它接受充入的电能和向外释放电能。极板一般由栅架和活性物质组成，分正极板和负极板两种，形状如图 2-2 所示。

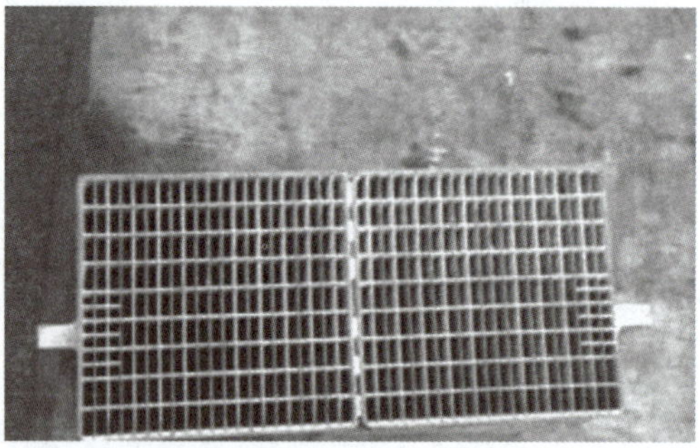

图 2-2　极板

极板上的工作物质称为活性物质，主要由铅粉、添加剂与一定密度的稀硫酸混合形成。为防止龟裂和脱落，铅膏中还掺有玻璃纤维等牵引附着物。

极板分为正极板和负极板两种。将涂上铅膏后的生极板先经热风干燥，再放入稀硫酸中进行充电便得正、负极板。正极板（Positive Plate）上的活性物质为二氧化铅（$PbO_2$），呈棕红色，负极板（Negative Plate）上的活性物质为海绵状纯铅（Pb），呈青灰色。

**2. 隔板**

为了减少蓄电池的内阻和尺寸，蓄电池的正负极板应尽可能靠近。为了防止相邻正负极板彼此接触而短路，正负极板之间要用隔板（Separator）隔开，如图 2-3 所示。

有的厂家用微孔塑料袋做成袋式隔板，因其形似信封，也称为信封式隔板，套在正极板上，可以有效地防止活性物质脱落。

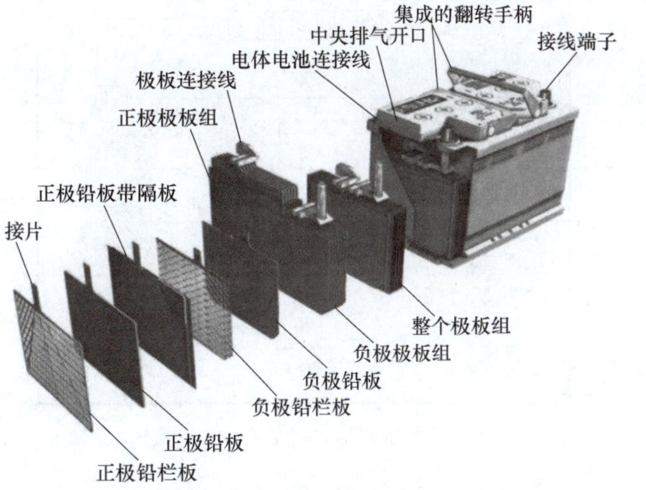


图 2-3 蓄电池隔板示意图

**3. 电解液**

铅酸蓄电池的电解液，是由密度 1.84g/cm$^3$ 的纯硫酸和蒸馏水配制而成，密度一般在 1.24～1.31g/cm$^3$。气温低用高密度（防冻），否则用低密度。

电解液的密度、温度、纯度影响蓄电池的性能、寿命和还原系数。一般工业用硫酸和普通水含铁、铜等有害杂质，绝对不能加入到蓄电池中去，否则易自行放电，且易损坏极板。故蓄电池电解液要用规定的蓄电池专用硫酸和蒸馏水配制。电解液密度还与充放电状态直接相关。

**4. 外壳**

外壳（Housing）用来盛装电解液和极板组，使蓄电池构成一个整体。外壳材料有硬橡胶和塑料两种。

每个单格的盖板中间有加液孔，可以用来检查液面高度和测量电解液的密度，加液孔平时用加液螺塞拧紧。加液螺塞中心的通气孔应保持畅通，使蓄电池在电化学反应中放出的气体可随时逸出。

**5. 接线柱**

铅酸蓄电池首尾两极板组的横板上焊有接线柱（Terminal Post，也称为极桩），接线柱有圆锥形、L 形和侧孔形三种。

**6. 联条**

联条（Cell Connector）的作用是将单格蓄电池串联起来，提高整个蓄电池的端电压。

**（三）蓄电池的工作原理**

蓄电池是一种化学电源，它的构造可以是各式各样的，从原理上讲所有的电池都是由正极、负极、电解质、隔离物和容器组成的，其中正负两极的活性物质和电解质起电化反应，对电池产生电流起着主要作用。

**1. 电动势的产生**

铅蓄电池的正极是二氧化铅（$PbO_2$），负极是绒状铅（Pb），它们是两种不同的活性物质，故和稀硫酸（$H_2SO_4$）起化学作用的结果也不同。在未接通负载时，由于化学作用使正极板上缺少电子，负极板上却多余电子，两极间就产生了一定的电位差，这就是电池的电动势。

**2. 放电过程的化学反应**

当外电路接上负载（比如灯泡）后，铅蓄电池在正、负极板间电位差（电动势）的作

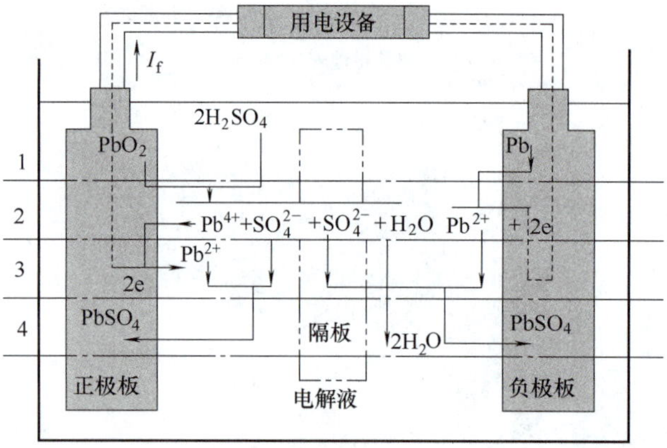


图 2-4 铅蓄电池在放电时的化学反应

用下，电流从正极流出，经负载流向负极，也就是说，负极上的电子经负载进入正极，同时在蓄电池内部产生化学反应，如图 2-4 所示。

**3. 充电过程的化学反应**

充电是放电过程的逆过程，如图 2-5 所示。

充电时，应在蓄电池上外接充电电源（整流器），使正、负极板在放电时消耗了的活性物质还原，并把外加的电能转变为化学能储存起来。

在充电电源作用下，外电路的电流自蓄电池的正极板流入，经电解液和负极板流出。于是，电源从正极板中不断取得电子输送给负极板，促使正、负极板上的硫酸铅（$PbSO_4$）不断进入电解液而被游离。

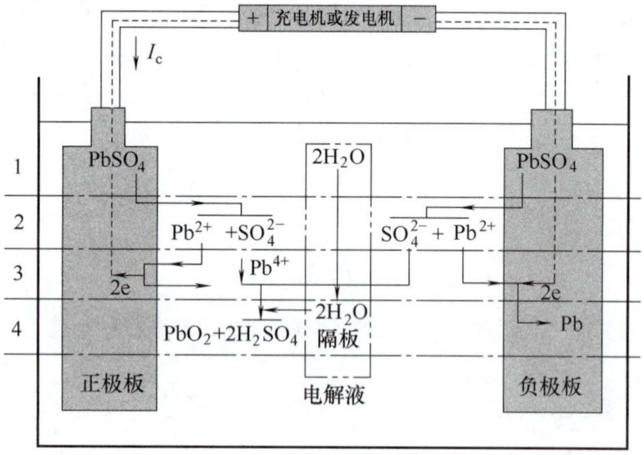


图 2-5 铅蓄电池在充电时的化学反应

## （四）蓄电池的分类

蓄电池可分为普通蓄电池、干荷蓄电池、免维护蓄电池。

**1. 普通蓄电池**

普通蓄电池的极板是由铅和铅的氧化物构成，电解液是硫酸的水溶液。它的主要优点是电压稳定、价格便宜；缺点是比能低（即单位质量蓄电池存储的电能）、使用寿命短和日常维护频繁。

**2. 干荷蓄电池**

它的全称是干式荷电铅酸蓄电池，它的主要特点是负极板有较高的储电能力，在完全干燥状态下，能在两年内保存所得到的电量。使用时，只需加入电解液，等过 20～30min 就可使用。

**3. 免维护蓄电池**

免维护蓄电池由于自身结构上的优势，电解液的消耗量非常小，在使用寿命内基本不需要补充蒸馏水。它还具有耐震、耐高温、体积小、自放电小的特点。使用寿命一般为普通蓄电池的两倍。市场上的免维护蓄电池也有两种：第一种在购买时一次性加电解液，以后使用中不需要维护（添加补充液）；另一种是电池本身出厂时就已经加好电解液并封死，使用期间用户不能加补充液。

教学视频

蓄电池拆装及检测

## 五、任务实施

### （一）蓄电池的检测

#### 1. 蓄电池电解液液面高度的检查

电解液液面高度检查的方法有目测法和玻璃管观察测量法，如图2-6所示。观察或测量电解液液面应在蓄电池外壳上、下液面线之间。

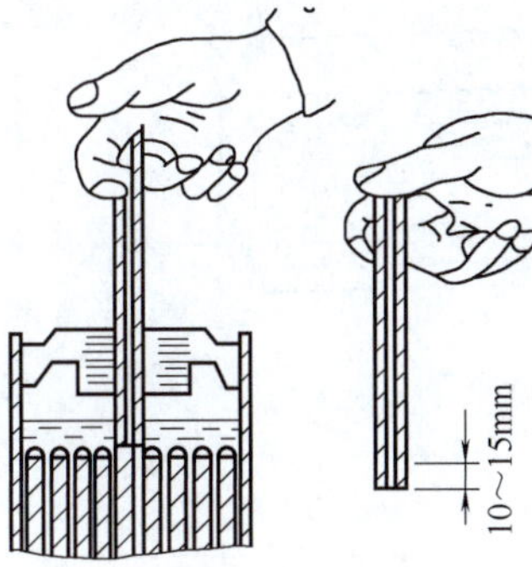


图2-6　玻璃管观察电解液液面高度

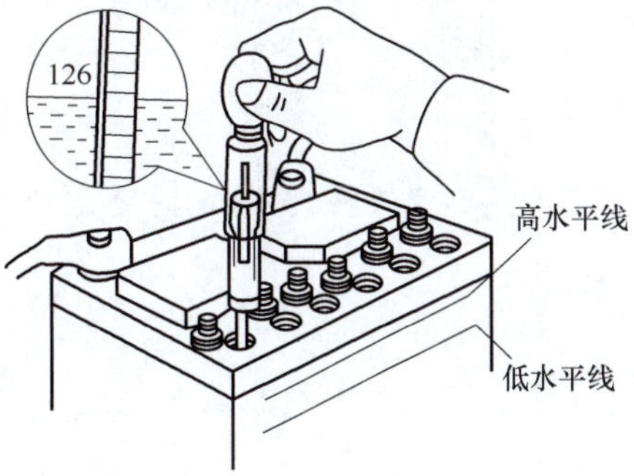


图2-7　检测电解液密度

当电解液液面过低时，应加注蒸馏水，以恢复正常的液面高度。除非确知电解液溅出，否则不许添加硫酸溶液。

#### 2. 蓄电池电解液密度的检查

蓄电池要经常检查电解液的密度，一般汽车蓄电池每行驶6000～7500km，应检查电解液的密度。检查电解液密度用吸式密度计检测，如图2-7所示。

由于充放电过程中，电解液密度随之变化，因此通过测量电解液密度可判断蓄电池充放电程度。12V蓄电池充电程度与电解液密度，如表2-1所示，也可以通过测量电解液密度来判断蓄电池故障。

表2-1　蓄电池的充电程度与电解液密度

| 充电状态/% | 100 | 75 | 50 | 25 | 0 |
|---|---|---|---|---|---|
| 电解液密度/($g/cm^3$) | 1.27 | 1.23 | 1.19 | 1.15 | 1.11 |

#### 3. 蓄电池放电程度的检测

高率放电计是模拟起动机工作状态，检测蓄电池容量的仪表。通过测量蓄电池在大电流放电时的端电压来判断蓄电池的起动性能和放电程度，一般用于普通蓄电池，使用时请阅读产品说明操作方法。如图2-8所示，将测试夹分别夹在蓄电池的正负极柱上，此时显示为蓄电池空载电压，正常应在11.8～13V，按下测试开关，蓄电池开始大电流放电，持续10s，读出负载电压测试数据，若电压维持在10.6～12.6V，说明蓄电池电量充足；若电压值在9.6～10.6V，说明蓄电池电量不足，需要充电；若电压值在9.6V以下，说明蓄电池存电量严重不足，需要立即充电。如果空载电压符合要求，而负载电压迅速下降低于9V，则蓄电池损坏，需要更换新的蓄电池。

当以起动电流或规定的放电电流连续放电15s时，测量电压应不低于规定值。同时，

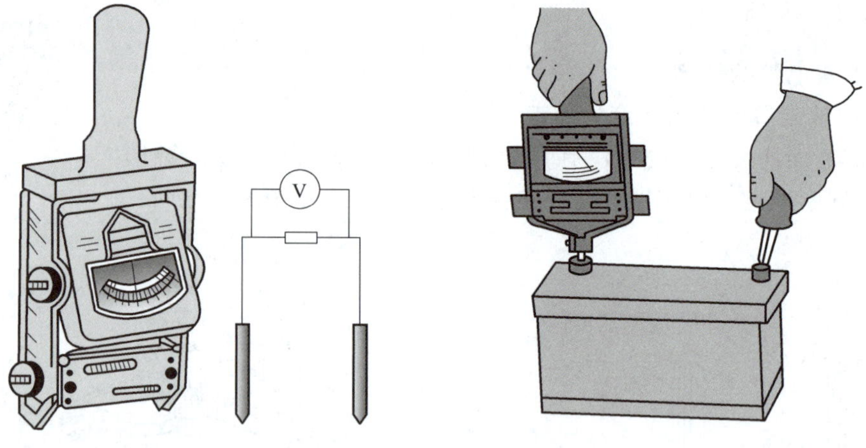


图 2-8 高率放电计检测蓄电池放电情况

通过测量电压也可以判断蓄电池故障，如表 2-2 所示。

表 2-2 测量电压判断和处理蓄电池故障

| 故障现象 | 测量电压/V | 加载测量 | 容量检验/% |
|---|---|---|---|
| 正常蓄电池 | 12.5 以上 | 白色区域或绿色区域 | 100 左右 |
| 容量不足 | 11.5～12.5 | 由绿色区域下降至黄色区域 | 60～70 |
| 电极钝化 | 12.0 左右 | 由绿色区很快下降到黄、红色区域 | 50 以下 |
| 负极板硫化 | 11.5 左右 | 黄色区域或红色区域 | 30～50 |
| 内部短路 | 无电压指示 | 无电流指示 | 容量为零 |
| 反极 | 8.0 左右 | 红色区域或无指示 | 容量极低或容量为零 |
| 单格蓄电池内部短路 | 10.0 左右 | 黄色区域，短路蓄电池内冒气泡 | 容量极低 |

国标规定将充电的新蓄电池在电解液温度为（25±5）℃条件下，以 20h 率的放电电流连续放电至单格电池平均电压降到 1.75V 时，输出的电量为额定容量。实际测量蓄电池按额定条件放电至终止电压，放电时间超过 20h 为合格。放电时间小于 20h，则其容量低于额定容量，为不合格产品。

**（二）蓄电池的拆装**

正负接线柱的区分：正接线柱附近标有“＋”或“P”记号，负接线柱附近标有“－”或“N”记号，有些蓄电池正接线柱上涂有红色油漆。若发现蓄电池接线柱螺栓锈蚀难以取出，切莫用锤或钳敲打，以避免极桩断裂、极板活性物质脱落。可用热水冲洗后，拧开螺栓，用夹头拉器将夹头取下，如图 2-9（a）所示。取下电池时应小心轻放、尽量用电池提把进行搬运，如图 2-9（b）所示。

**1. 蓄电池的拆卸**

（1）在拆卸蓄电池前，应查询收录机的防盗码并记录，或用辅助电源保存电脑相关信息。将点火开关置于断开位置。

（2）先断开蓄电池接线柱的负极电缆，后断开蓄电池接线柱的正极电缆。有蓄电池固定条的需拆下蓄电池固定条。

（3）拆卸蓄电池固定件，取出蓄电池。

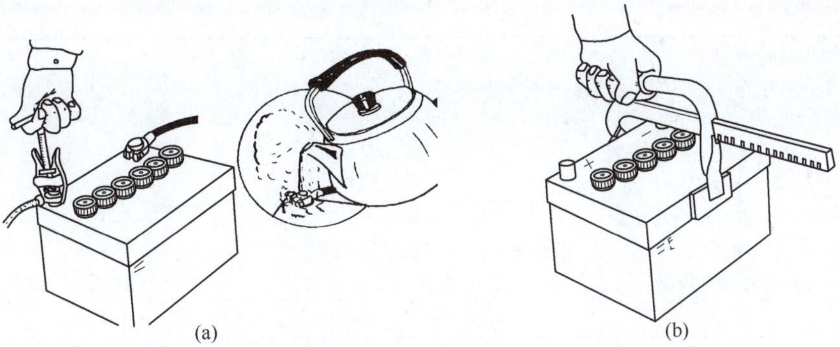


图 2-9 蓄电池的拆卸

(a) 蓄电池极柱的拆卸及清理方法 (b) 蓄电池的搬运方法

**2. 蓄电池的安装**

(1) 安装蓄电池时，应认清蓄电池的正、负极，并应先连接正极上的电缆，再连接负极上的电缆，以防扳手跌落搭铁引起蓄电池短路放电。安装接头时，应先用细砂纸清洁接线柱和接线头。

(2) 连接线 U 形口与电极端子要平齐结合，并以规定扭矩拧紧电极螺栓。连接接线柱夹头时，螺栓上应先涂上凡士林或润滑脂，以防氧化生锈，便于以后拆卸。如接线柱小，夹头大，需要加衬垫时，最好用铅皮或铜皮，并且只垫半圈。若整圈垫，易氧化腐蚀而接触不良。

(3) 免维护蓄电池上装有排气孔及软管，安装时不要将软管拆下，并保证畅通。

## 六、任务工单

**蓄电池的检测操作工单**

<table>
<tr><td>信息获取</td><td>蓄电池型号</td></tr>
<tr><td colspan="2">一、场地及设备初步检查(考前对场地安全和设备的检查及准备)</td></tr>
<tr><td>(1)工量具检测准备</td><td>备注</td></tr>
<tr><td>(2)仪器设备检查准备</td><td rowspan="2"></td></tr>
<tr><td>(3)技术资料检查准备</td></tr>
<tr><td colspan="2">二、操作过程</td></tr>
<tr><td colspan="2">1. 蓄电池外壳的检查<br>(1)检查蓄电池外壳是否有裂纹<br>正常□ 损伤□<br>(2)检查加液孔盖通气孔是否畅通<br>正常□ 腐蚀□<br>2. 蓄电池液面高度检查<br>(1)玻璃管检查法</td></tr>
</table>

| 单格数 | 1 | 2 | 3 | 4 | 5 | 6 |
|---|---|---|---|---|---|---|
| 测量值 | | | | | | |
| 正常 | | | | | | |
| 低于标准 | | | | | | |
| 高于标准 | | | | | | |

续表

(2)液面高度知识线检测法

正常□　　低于标准□　　高于标准□

3. 电荷情况检查

(1)利用数字万用表对蓄电池进行检测

测量值：________　正常□　低于标准□

(2)利用高率放电计对蓄电池进行检测

测量值：________　正常□　　需要充电□　更换□

4. 利用密度计对蓄电池进行检测

电解液温度：________

| 单格数 | 1 | 2 | 3 | 4 | 5 | 6 |
| --- | --- | --- | --- | --- | --- | --- |
| 测量值 | | | | | | |
| 正常 | | | | | | |
| 低于标准 | | | | | | |
| 高于标准 | | | | | | |

# 任务二　交流发电机的拆装与检测

教学课件

交流发电机的检测与维护

## 一、任务目标

**知识与技能：**

(1) 了解汽车交流发电机的内部结构。

(2) 掌握交流发电机拆装的方法和步骤。

(3) 掌握交流发电机检测的方法和步骤。

**过程与方法：**

(1) 通过小组合作、讨论，培养学生团队协作能力。学会使用专用工具进行交流发电机的拆装与检测。

(2) 通过直观的实践操作，激发学生学习的热情。

(3) 通过利用多种形式的学习资源，引导学生自主学习，进而培养他们分析处理问题和主动学习的能力。

**情感态度价值观：**

(1) 培养学生认真、严谨的学习态度。

(2) 充分调动学生的能动性，发挥团队的协作作用。

(3) 树立正确的学习观，养成良好的学习习惯，建立学习自信心。

## 二、任务描述

汽车交流发电机在做简单测试时，发现测试灯泡不亮，说明发电机不发电。汽车用发电机在日常使用中导致其不发电的原因很多，我们碰到后该如何分析并准确快捷地找到故障点将发电机修复呢?

## 三、任务分析

汽车的交流发电机是电源系统的重要组成部分。要对交流发电机进行检修必须了解交流发电机的组成，熟悉怎样对交流发电机进行拆装，重点掌握怎样对交流发电机进行检测。丰田汽车所有交流发电机与其他车型交流发电机结构及工作原理基本相同。

## 四、相关知识链接

### （一）汽车交流发电机的功用

车用交流发电机是汽车的主要电源，它与电压调节器互相配合工作，其主要作用是对所有用电设备（除起动机外）供电，并对汽车上的蓄电池充电。

### （二）汽车交流发电机的类型与型号

车用交流发电机按总体结构形式可分为普通式（发电机与电压调节器独立）、整体式（电压调节器附在发电机内）、带真空泵式、无刷式、永磁式等；按励磁绕组的搭铁方式可分为内搭铁式和外搭铁式两种；按整流器的形式可分为 6 管整流、8 管整流、9 管整流、11 管整流等。

车用交流发电机的型号根据各国家或地区的规定各有不同，我国根据《QC/T 73—1993 汽车电气设备产品型号编制方法》的规定，如图 2-10 所示，汽车交流发电机的型号如下：

第 1 部分为产品代号。交流发电机的产品代号有 JF、JFZ、JFB、JFW 四种，分别表示交流发电机、整体式交流发电机、带真空泵交流发电机和无刷交流发电机。

第 2 部分为电压等级代号。用 1 位阿拉伯数字表示，1——12V；2——24V；6——6V。

第 3 部分为电流等级代号。用 1 位阿拉伯数字表示，其含义如表 2-3 所示。

表 2-3　车用交流发电机的电流等级代号

| 电流等级代号 | 1 | 2 | 3 | 4 | 5 | 6 | 7 | 8 | 9 |
|---|---|---|---|---|---|---|---|---|---|
| 电流/A | ≤19 | 20～29 | 30～39 | 40～49 | 50～59 | 60～69 | 70～79 | 80～89 | ≥90 |

第 4 部分为设计序号。按产品的先后顺序，用阿拉伯数字表示。

第 5 部分为变型代号。交流发电机以调整臂的位置作为变型代号，从驱动端看，Y—右边；Z—左边；没有变型代号则表示无调整臂处于中间位置；如若发电机被驱动的旋转方向为逆时针旋转方向，则最后一个字母为 N。

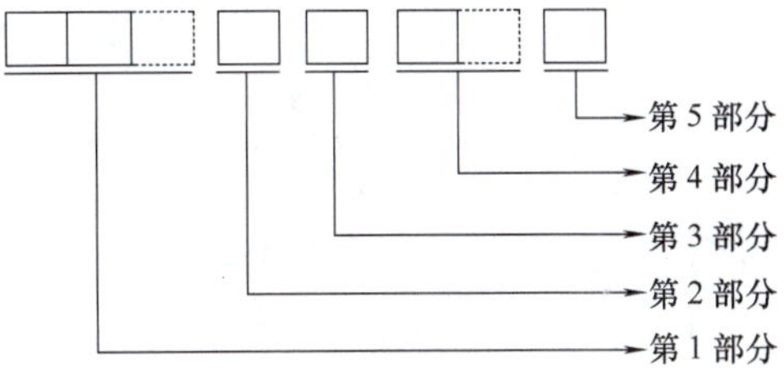

图 2-10　交流发电机型号

### （三）硅整流交流发电机的结构及工作原理

#### 1. 硅整流交流发电机的结构

硅整流发电机的全称是硅整流交流发电机。

普通硅整流发电机的构造一般由三相同步交流发电机和硅二极管整流器两部分组成。

三相同步交流发电机主要由转子、定子、整流器、电压调节器、整流器、电刷和电刷架以及皮带轮、风扇等部件组成。交流发电机结构如图 2-11 所示。

（1）转子总成。转子总成结构如图 2-12 所示。

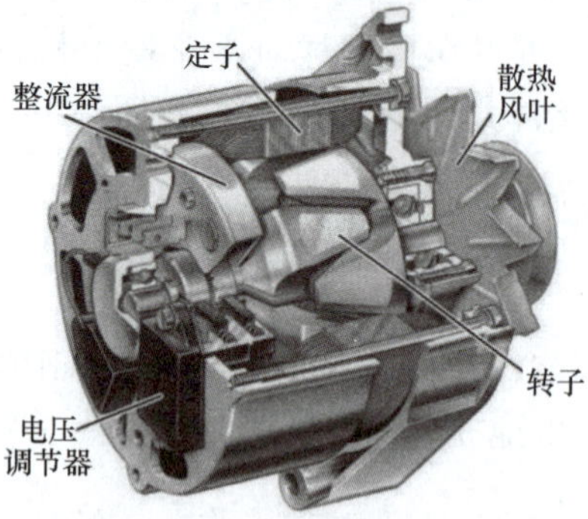


图 2-11　交流发电机内部结构图

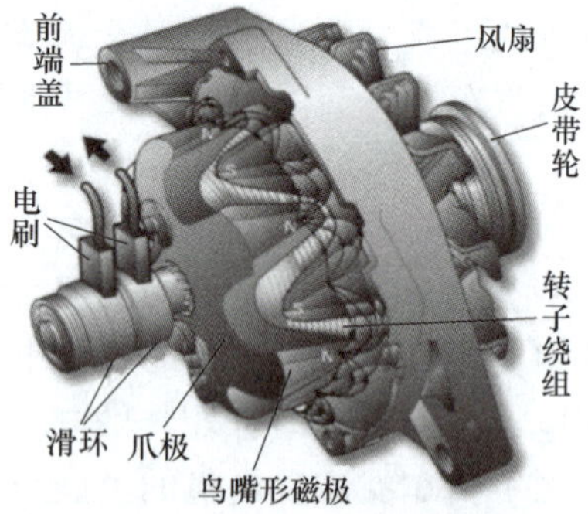


图 2-12　转子总成结构

转子的作用是转子上的励磁绕组（转子线圈）通电后，建立交流发电机工作所需的旋转磁场。转子轴上压装着两块爪极，两块爪极各有六个鸟嘴形磁极，爪极空腔内装有磁场绕组和磁轭。

集电环由两个彼此绝缘的铜环组成，集电环压装在转子轴上并与轴绝缘，两个集电环分别与磁场绕组的两端相连。

如图 2-13 所示为转子总成内部结构。当两集电环通入直流电时（通过电刷），磁场绕组中就有电流通过，并产生轴向磁通，使爪极一块被磁化为 N 极，另一块被磁化为 S 极，从而形成六对相互交错的磁极。当转子转动时，就形成了旋转的磁场。

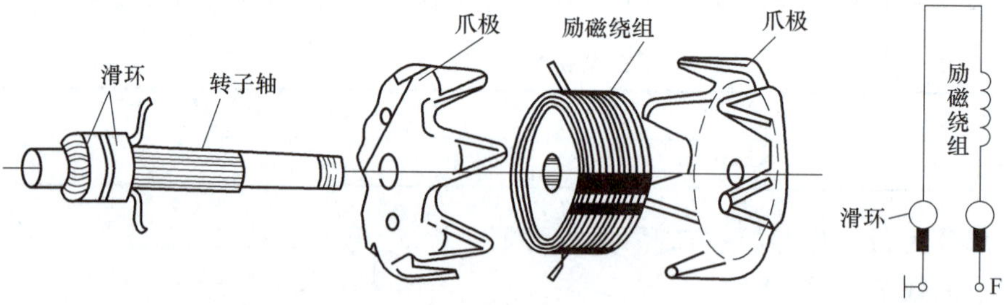


图 2-13　转子总成内部结构图

（2）定子总成。定子总成的作用是定子绕组切割磁感线，产生交流电动势。定子由定子铁芯和定子绕组（线圈）组成，如图 2-14 所示。

为了在交流发电机定子绕组中产生大小相等、频率相同且相位相差 120°的对称电动势，三相绕组的接法应该遵循以下原则：

每相绕组的线圈个数及每个线圈的匝数相等；每个线圈的节距相等；三相绕组的首端 A、B、C 在定子槽内的排列需要间隔 120°的电角度。

定子绕组的连接方法有星形（Y 型）连接和三角形连接两种。星形（Y 型）连接是将

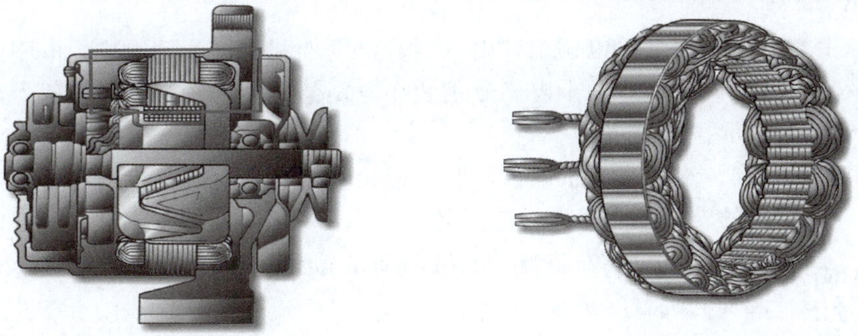

图 2-14 定子结构示意图

三相绕组的三个端子 X、Y、Z 接在一起，将三相绕组的首段 A、B、C 作为交流发电机的交流输出端。三角形连接是将每相绕组的首端和另一相末端依次连接，因而有三个接点，这三个接点即为交流大电机的交流输出端，汽车用交流发电机大都采用星形接法，如图 2-15 所示。美国通用汽车公司等交流发电机采用的是三角形连接方式。

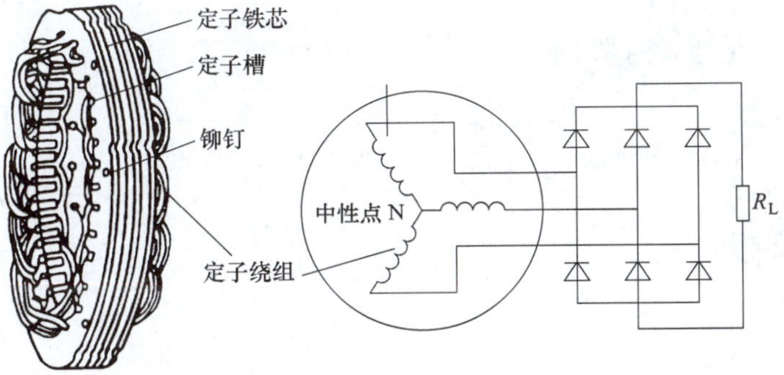


图 2-15 定子线圈星形连接

（3）整流器。整流器的功能是将定子绕组的三相交流电转换为直流电。

整流器由整流板和整流二极管组成，6 管交流发电机的整流器是由 6 只整流二极管分别压装（或焊装）在互相绝缘的两块板上组成。其中一块为正极板，一块为负极板。

6 只整流二极管分为正极管和负极管两种。引出电极为正极的是正极管，3 只正极管装在同一块板上，成为正极板；引出电极为负极的是负极管，3 只负极管安装在负极板上，也可以直接安装在后盖上，成为负极板。将正极管安装在一块铝制散热板上，称为正整流板；将负极管安装另一块铝制散热板上，称为负整流板，也可用发电机后盖代替负整流板，如图 2-16 所示。

在正整流板上有一个输出接线柱 B（发电机的输出端）。负整流板上直接搭铁。负整流板上一定和壳体相连接。整流板的形状各异，有马蹄形、长方形、半圆形等。

（4）端盖及电刷组件。端盖一般分为前端盖和后端盖两部分，主要起支撑转子、定子、整流器和电刷

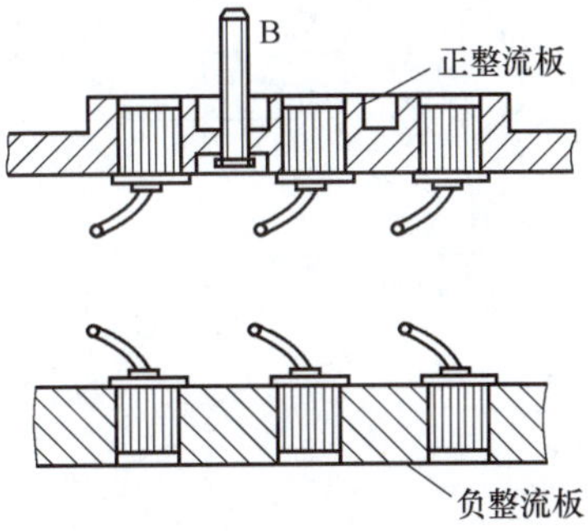


图 2-16 正负整流板

组件的作用。

后端盖上装有电刷组件。电刷组件由电刷、电刷架和电刷弹簧组成。电刷的作用是将电源通过滑环引入励磁绕组。两个电刷分别装在电刷架的孔内，借助弹簧压力与滑环保持接触，如图 2-17 所示。

（5）带轮及风扇。交流发电机的前段装有带轮和风扇，由发动机通过传动带驱动发电机的转子轴和风扇一起旋转。

教学视频

交流发电机的工作原理

风扇一般安装与发电机的前端盖和皮带轮之间。为发电机散热，保证发电机温度正常。

**2. 硅整流交流发电机工作原理**

（1）发电原理。发动机转动，传送带带动交流发电机的转子旋转，产生旋转磁场，定子绕组线圈做切割磁感线运动，产生交变的感应电动势，定子线圈产生交流电，如图 2-18 所示。

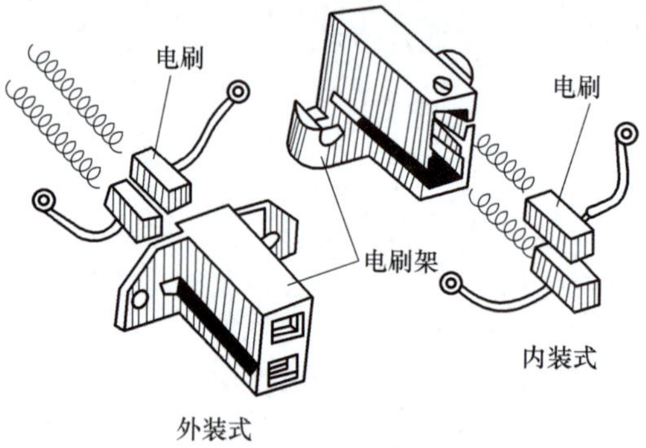


图 2-17　电刷安装示意图

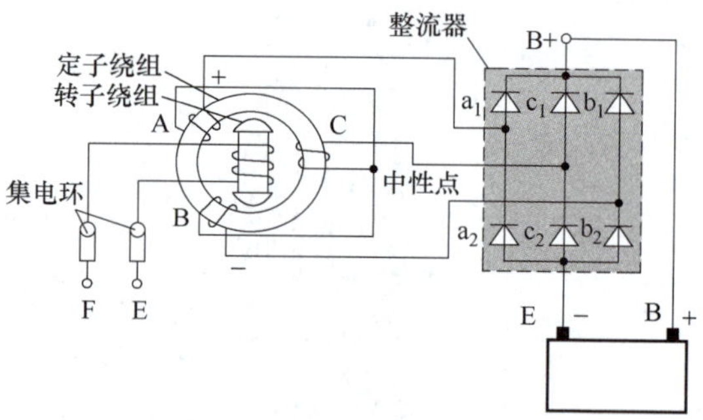


图 2-18　硅整流交流发电机发电原理示意图

（2）整流原理。定子三相绕组感应产生的是交流电，通过 6 只二极管组成的三相桥式整流电路整流为直流电，如图 2-19 所示。

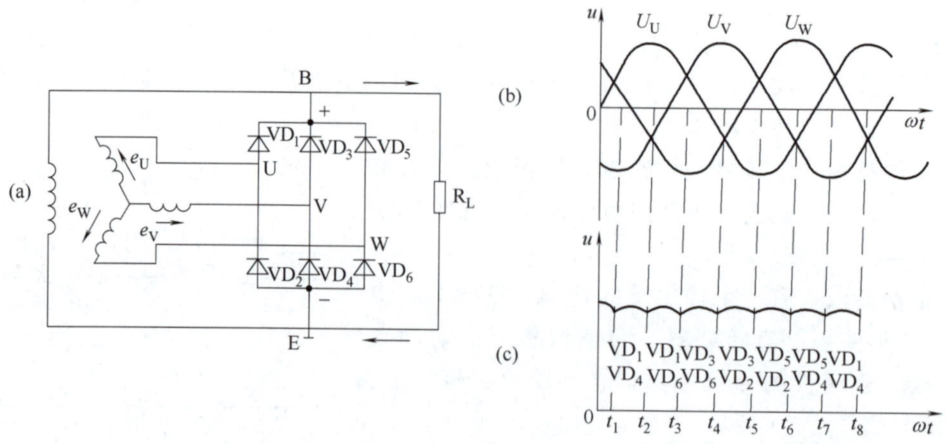


图 2-19　整流示意图

（a）三相桥式整流电路　（b）三相交流电波形图　（c）直流脉动电压波形图

## 五、任务实施

### （一）交流发电机的拆装

**1. 拆卸前的整机检查**

（1）“F”柱与“－”柱间电阻为4～8Ω。若电阻过小，可能是磁场线圈短路或绝缘垫损坏；若电阻过大，可能是电刷与滑环接触不良；电阻无穷大，说明线圈断路。

（2）“＋”柱与“－”柱间电阻为30～50Ω，反向电阻在10kΩ以上，否则可能是整流器或电枢线圈故障。

（3）“N”柱与“－”柱间电阻为8～10Ω，反向电阻在10kΩ以上，否则可能是整流器或电枢线圈故障。

**2. 发电机的拆卸**

（1）拆下电刷及电刷架。

（2）拆下螺帽、皮带轮、风扇、半圆键。

（3）拆下紧固螺钉。

（4）用专用工具拆下驱动端盖（注意定子不能随着一起移动）。

（5）取下转子总成。

（6）拆下元件板上3个接线柱的螺帽，取下定子总成。

（7）拆下元件板上的固定螺钉，后端盖上的“＋”柱和“N”柱。

（8）取下元件板（注意各绝缘垫圈不能遗失）。

**3. 发电机的装配及注意事项**

（1）发电机的装配原则：先拆的后装，后拆的先装。

（2）装配时，元件板、“＋”柱、“F”柱、“N”柱与壳体之间的绝缘垫圈不能漏装。

（3）装配完毕后，发电机应能运转灵活。

### （二）交流发电机的检测

**1. 转子的检查**

（1）转子绕组短路与断路的检查。用数字万用表的低电阻挡检测两滑环之间的电阻，应符合技术标准。若阻值为“∞”，则说明断路；若阻值过小，则说明短路。正常情况下，阻值为3.5～6Ω，如图2-20所示。

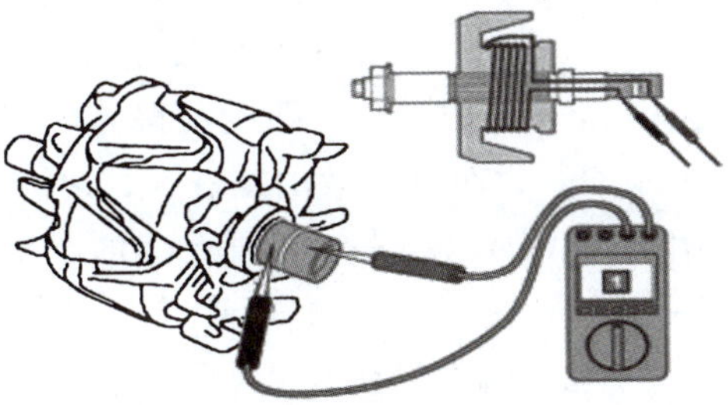

图2-20 转子绕组断路检查

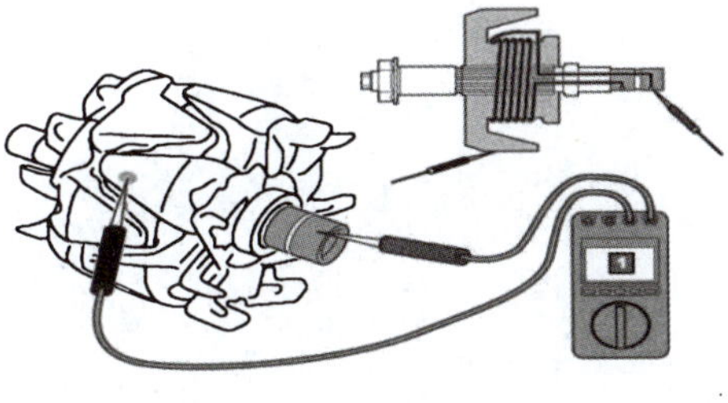

图2-21 转子绕组绝缘检查

（2）转子绕组搭铁检查。检查转子绕组与铁芯（或转子轴）之间的绝缘情况。用万用表导通挡检测两滑环与铁芯（或转子轴）之间的导通情况。若为零且表发出响声，说明搭铁有故障，正常应为“∞”，如图 2-21 所示。

(3) 滑环的检查。滑环表面应平整光滑，无明显烧损，否则用 00 号砂布打磨。两滑环间隙处应无积污。滑环圆度误差不超过 0.025mm，厚度不小于 1.5mm。

**2. 定子的检查**

(1) 定子绕组短路与断路的检查。用数字万用表的低电阻挡位检测定子绕组三个接线端，两两相测，如图 2-22 所示。正常值时，阻值小于 1Ω 且相等。阻值为“∞”，说明断路；阻值为零，说明短路。

(2) 定子绕组搭铁检查。检查定子绕组与定子铁芯间绝缘情况。用数字万用表导通挡测定子绕组接线端与铁芯间的电阻，若电阻过小（表内发出响声），说明有绝缘不良故障。正常应指示“∞”，如图 2-23 所示。

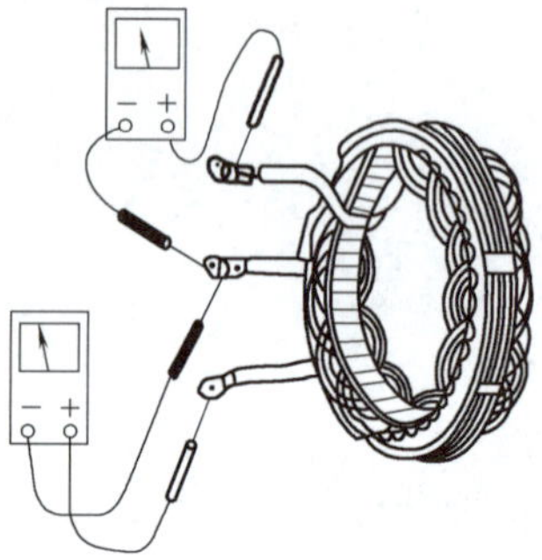


图 2-22　定子绕组断路检查

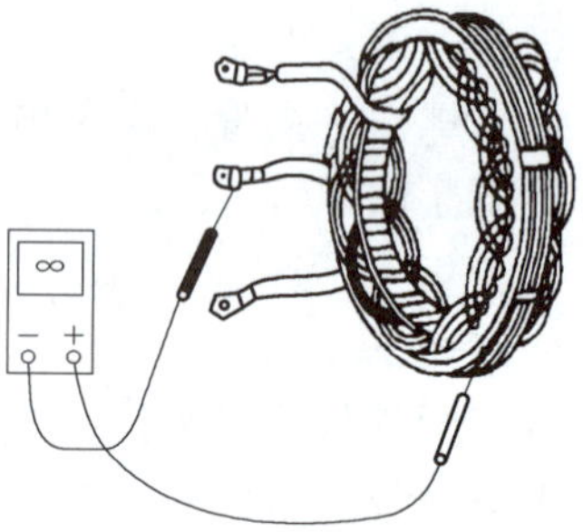


图 2-23　定子绕组搭铁检查

(3) 整流器的检查（主要是整流二极管）。

① 检测正极管。用数字万用表的导通挡位，黑表笔接整流器端子“B”，红表笔分别接整流器各接线柱，万用表均应导通，否则说明该二极管断路，应更换整流器总成；调换两表笔进行测试，此时万用表均应不导通，否则说明二极管短路，也应更换整流器总成。

② 检测负极管。用数字万用表的导通挡位，红表笔接整流器的端子“E”，黑表笔分别接整流器各接线柱，万用表均应导通，否则说明该二极管断路，应更换整流器总成；调换两表笔进行测试，此时万用表均应不导通，否则说明二极管短路，也应更换整流器总成。

③ 在不分解发电机的情况下检测二极管。用万用表的导通挡位，黑表笔接发电机电枢“B”接线柱，红表笔接发电机端盖。若阻值在 40～50Ω，说明无故障；若阻值约为 10Ω，说明有失效的二极管，须拆检；若阻值为 0Ω，说明有不同极性的二极管击穿。

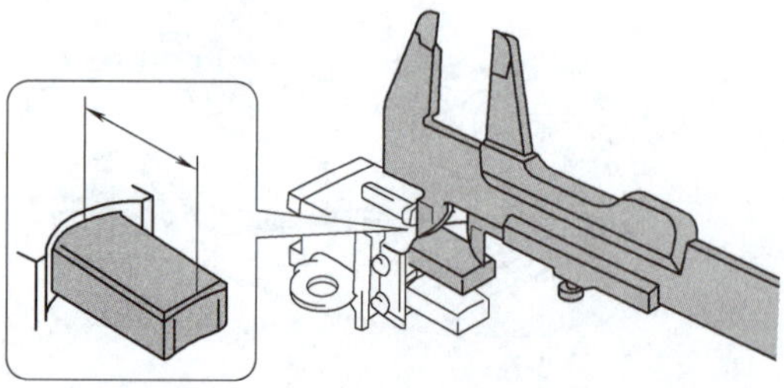

图 2-24　碳刷高度检测

④ 电刷组件的检查。电刷表面不得有油污，且应在电刷架中活动自如，如图 2-24 所示，电刷磨损不得超过标准长度的 1/2（标准长度为 10.5mm）；当电刷从电刷架中露出 2mm 时，电刷弹簧力一般为 2～3N；电刷架应无烧损，破裂或变形。

(4) 硅整流交流发电机的装复。按拆解的反顺序装复。装复后，转动发电机带轮，转子转动平顺，无摩擦及碰击声。

(5) 硅整流交流发电机的测试。给转子线圈供 12V 的电压，用万用表直流电压挡检测交流发电机 B+接线柱和外壳（搭铁）之间的电压，用力转动发电机带轮，应该有示数变化。

## 六、任务工单

### 交流发电机的拆装及检测

场地及设备初步检查(操作前对场地安全和设备的检查及准备)

1. 交流发电机的解体(不需要填写)
2. 交流发电机的检测

(1)不解体的检查

a. 目测交流发电机外壳是否有破损

正常 □ 损伤 □

b. 用手转动发电机皮带轮，检查发电机轴承完好情况：

正常 □ 运转噪声 □

c. 用万用表检测发电机“B”端子与外壳之间的电阻，判断整流器的好坏：

正向测量值：________ 反向测量值：________

正常 □ 不同极性二极管北击穿 □ 同一极性二极管被击穿 □

(2)解体后的检查

① 转子的检查

a. 转子绕组短路与断路的检查：

测量值：________

正常 □ 短路 □ 断路 □

b. 转子绕组绝缘检查：

测量值：________

正常 □ 不绝缘 □

c. 滑环的检查

正常 □ 脏污 □ 损坏 □

② 定子的检查

a. 定子绕组短路与断路的检查：

| 测量点 | A-N | B-N | C-N |
| --- | --- | --- | --- |
| 测量值 | | | |
| 正常 | | | |
| 断路 | | | |
| 断路 | | | |

b. 定子绕组绝缘检查：

测量值：________

正常 □ 不绝缘 □

③ 整流器的检查

a. 检测正极管：

正向测量值：________反向测量值：________

正常 □ 损坏 □

b. 检测负极管：

正向测量值：________反向测量值：________

正常 □ 损坏 □

(3)碳刷组件的检查

长度测量值：________长度标准值：________

异常磨损情况：________

3. 交流发电机的装复与检验(不需要填写)

# 任务三　电源系统的线路检测

## 一、任务目标

**知识与技能：**

（1）能简述丰田卡罗拉汽车电源系统的基本组成和工作原理。

（2）能分析丰田卡罗拉汽车电源系统电路图。

（3）掌握丰田卡罗拉汽车电源系统检测的方法和步骤。

**过程与方法：**

（1）通过小组合作、讨论，培养学生团队协作能力。学会分析汽车电源电路。

（2）通过直观的实践操作，激发学生学习的热情。学会使用专用工具进行汽车电源电路的检测。

（3）通过利用多种形式的学习资源，引导学生自主学习，进而培养他们分析处理问题和主动学习的能力。

**情感态度价值观：**

（1）培养学生认真、严谨的学习态度。

（2）充分调动学生的能动性，发挥团队的协作作用。

（3）树立正确的学习观，养成良好的学习习惯，建立学习自信心。

## 二、任务描述

丰田卡罗拉汽车电源系统检测主要包括“IG”控制电源线的检测、“S”信号线的检测、“L”指示灯控制线的检测、充电回路“B+”线的检测。

## 三、任务分析

（1）充电系线路的连接应符合原车技术要求。

（2）当发动机转速上升到800r/min及以上时，充电指示灯应熄灭。

（3）线路检测过程中严禁出现短路（特别是发电机电枢“B”端子）。

（4）严禁使用搭铁试火法检测线路节点是否有电。

## 四、相关知识链接

教学视频

电源系统的工作原理

### （一）电源系统组成

电源系统一般由发电机、蓄电池、调节器、点火开关、充电指示灯组成。

**1. 发电机**

发电机作为汽车运行中的主要的电源，担负着向起动系统之外的所有用电设备供电的任务，并为蓄电池充电。目前，汽车普遍采用硅整流交流发电机，如图2-25所示。

**2. 调节器**

由于发电机是由发动机经传动带驱动旋转的，而发电机输出电压又与转速成正比，因此当发动机的转速变化时，发电机的输出电压也随之发生变化，发电机配有调节电压的电压调节器，如图 2-26 所示，以保持发电机输出的电压基本稳定，满足汽车用电设备对电压的要求。

图 2-25　汽车硅整流交流发电机

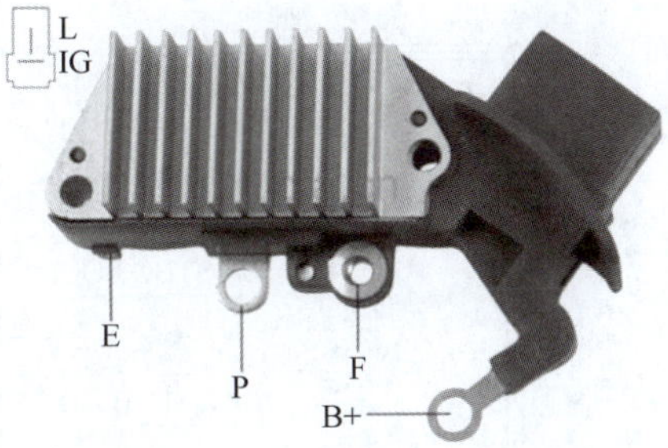


图 2-26　汽车电压调节器

**3. 充电状态指示装置**

充电状态指示装置用于指示充电系统的工作情况，反映蓄电池是处于充电还是放电状态。

**（二）丰田卡罗拉汽车蓄电池电源电路**

一般汽车电源有 2 个，分别是蓄电池和交流发电机（丰田卡罗拉汽车采用硅整流交流发电机）。从任务描述可以知道，问题主要在蓄电池上。丰田卡罗拉汽车电源电路图如图 2-27 所示，蓄电池负极直接打铁，正极通过主保险（FL MAIN）并通过黑红（B-R）导线接到各用电负载。

电源电路从主保险出来后接到 6 个分保险，包括喇叭保险（10A HORN）、转向与危险报警灯保险（10A TURN7&HAZ）、起动电路（20A STRG LOCK）、行车电脑（10A ECU）、电子节气门（10A ETCS）、车身电子稳定系统（60A EPS），此 6 个分保险又分别通过不同的保险引出 6 根电源线，接往不同的负载。

**（三）丰田卡罗拉充电电源电路**

汽车有两个电源：蓄电池、交流发电机。

**1. 发电机工作电路**

（1）发电机 IG 端子。当点火开关打至 ON 挡时，蓄电池通过端子 IG 给 IC 调节器提供工作电源。电路为点火开关控制的继电器开关 IG 端子→1 号 GAUGE 熔丝→发电机 B2 端子 IG。

（2）发电机 S 端子。S 端子为蓄电池电压检测端子，检测电路为蓄电池正极→ALT-S 熔丝→发电机 B1 端子 S。

（3）发电机 M 端子。M 端子接 C24（B）发动机 ECU，用于控制空调加热器元件的数量。

**2. 充电电路**

发电机 B 端子是发电机的输出端，充电电路为发电机 A1 端子 B→ALT 熔丝→FL MAIN 主熔丝→蓄电池→蓄电池接地点→发电机接地点，给蓄电池充电。

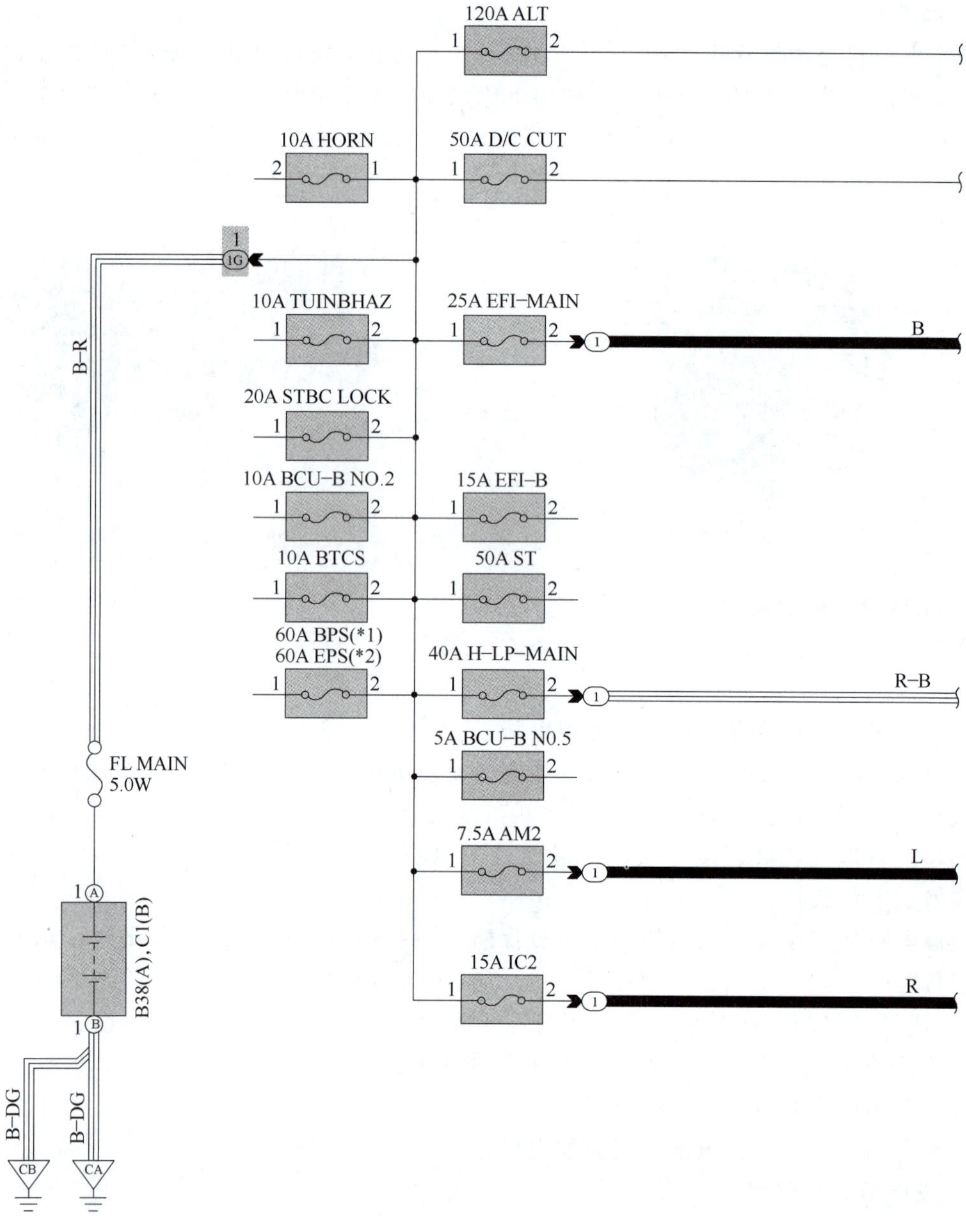


图 2-27　丰田卡罗拉汽车蓄电池电源电路

**3. 充电指示灯电路**

接至点火开关电流（IG）→2 号 GAUGE 熔丝→组合仪表 A13 端子 IG+→充电指示灯→A23 端子 CHG−→发电机 B4 端子 L。发电机没发电或充电量低时，指示灯两边会形成较大的电位差，这时指示灯会亮起以警示没充电。当发电机发电量正常时，L 端子会输出较大的电量，这时指示灯两边电位差基本相等，所以指示灯会熄灭。

汽车正常行驶过程中为发电机供电，当行驶过程中充电指示灯点亮，提示汽车由蓄电池供电。蓄电池不能长时间为汽车供电，应及时驶入 4S 店或维修店，对汽车发电机进行检测与维修。

丰田卡罗拉汽车电路图，如图 2-28 所示。

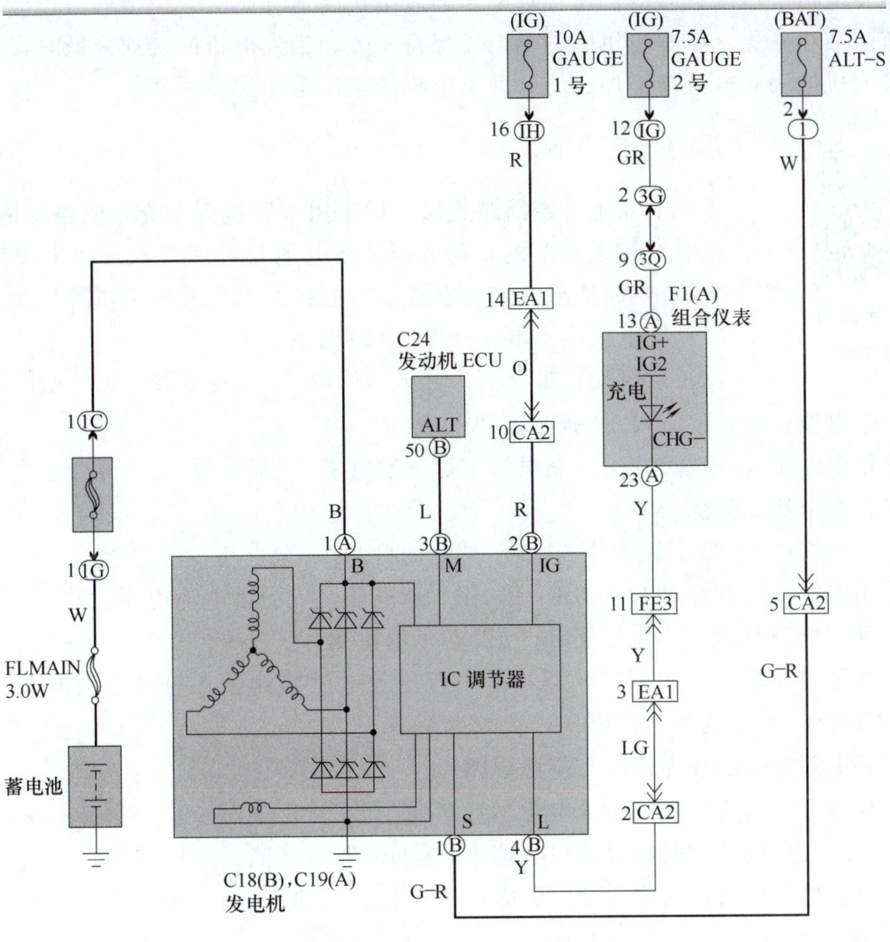


图 2-28 丰田卡罗拉充电电源电路图

## （四）电压调节器的结构及工作原理

### 1. 电压调节器的作用

电压调节器是把发电机输出电压控制在规定范围内的装置，其功用是在发电机转速变化时，自动控制发电机电压保持恒定，使其不因发电机转速高时电压过高烧坏用电器和导致蓄电池过充电；也不会因发电机转速低而电压不足导致用电器工作失常。

### 2. 电压调节器的分类

（1）触点式调节器。通过触点的开闭改变磁场电路的电阻来调节磁场电流。

缺点：触点振动频率低，存在机械惯性和电磁惯性，电压调节精度低，触点易产生火花，对无线电干扰大，可靠性差，使用寿命短。

（2）电子式调节器。利用晶体三极管的开关特性，使磁场电路接通与断开来调节磁场绕组的平均电流。

优点是：电压调节精度高，且不产生火花，还具有重量轻、体积小、寿命长、可靠性高、电波干扰小等优点。

**3. 电压调节器的工作原理**

交流发电机电压调节器的调压原理是：当发电机转速升高时，调节器通过减小发电机励磁电流来减小磁通，使发电机的输出电压保持不变；当发电机的转速降低时，调节器通过增大发电机的励磁电流来增加磁通，使发电机的输出电压保持不变。

教学视频

充电系统检测

## 五、任务实施

### （一）充电系统线路连接（以丰田卡罗拉汽车充电回路为例说明）

充电系统由发电机、调节器、蓄电池及导线等组成。丰田系列内装式 IC 调节器硅整流交流发电机与蓄电池的工作关系，如图 2-28 所示。

（1）发电机输出端子→“B”→蓄电池正极。

（2）蓄电池正极→点火开关→发电机 IC 调节器“IG”端子。

（3）蓄电池正极→发电机 IC 调节器“S”端子。

（4）蓄电池正极→点火开关→充电指示灯→发电机 IC 调节器“L”端子。

### （二）充电线路检测

（1）发电机“B”端子和调节器“S”端子的检测。

用万用表电压挡测在静态下“S”和“B”点电压，应为蓄电池电压。

（2）发电机调节器“IG”端子和“L”端子的检测。

断开外部接线端子与调节器的连接。用万用表电压挡测量在打开点火开关时，“L”“IG”应有电压，大小为蓄电池电压，否则为断路。

### （三）电源系统的故障诊断与排除思路

（1）故障现象描述：发动机充电指示灯常亮。

（2）故障现象确认：起动发动机转速 1500/min 时，充电指示灯常亮。

（3）查阅相关资料：维修手册（6-425、6-653）。

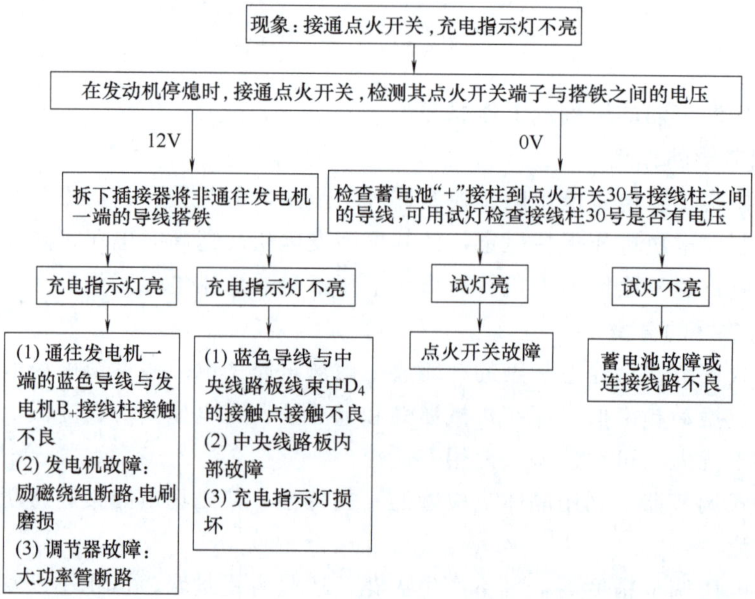


图 2-29　充电线路故障检修流程

（4）原因分析。导致该故障点：皮带、发电机、发电机外部电路。

（5）故障诊断与排除（步骤排除法）。

① 检查发电机皮带的预紧度；

② 检查发电机发电否；

③ 检查发电机外部电路。

（6）制定维修方案：根据故障诊断问题，如图 2-29 所示，提出维修建议。

## 六、任务工单

**汽车电源系统线路检测操作工单**

| 一、场地及设备初步检查（操作前对场地安全和设备的检查及准备） | | |
|---|---|---|
| （1）工量具检查准备 | （6）连接尾气抽排管 | 备注 |
| （2）仪器设备检查准备 | （7）放置方向盘套和脚垫 | |
| （3）技术资料检查准备 | （8）放置发动机及翼子板板罩 | |
| （4）汽车停放位置检查 | （9）发动机机油、冷却液检查 | |
| （5）放置车轮三角块 | （10）蓄电池状况检查 | |

二、操作过程

1. 控制线路检测

（1）"IG"控制电源线的测量值（请标注端子号）：________

正常 □　　不正常 □

（2）"S"信号线的测量值（请标注端子号）：________

正常 □　　不正常 □

（3）"L"充电指示灯控制线的测量值（请标注端子号）：________

正常 □　　不正常 □

2. 充电回路"B+"线：

（1）蓄电池电压测量值：________

正常 □　　不正常 □

（2）充电回路"B+"线的电压降：________

正常 □　　不正常 □

3. 故障现象

（1）故障现象描述

（2）故障现象确认

（3）故障排除

# 项目三

# 起动系统

## 任务一　起动机的拆装及检修

教学课件

起动机的结构与工作原理

### 一、任务目标

**知识与技能：**

（1）了解汽车起动机的结构组成。

（2）熟悉汽车起动机拆装工艺。

（3）掌握汽车磁性继电器开关、起动电机各零部件的检测方法。

**过程与方法：**

（1）通过小组合作、讨论，培养学生团队协作能力。学会使用专用工具进行起动机的拆装检测。

（2）通过直观的实践操作，激发学生学习的热情。

（3）通过利用多种形式的学习资源，引导学生自主学习，进而培养他们分析处理问题和主动学习的能力。

**情感态度价值观：**

（1）培养学生认真、严谨的学习态度。

（2）充分调动学生的能动性，发挥团队的协作作用。

（3）树立正确的学习观，养成良好的学习习惯，建立学习自信心。

### 二、任务描述

一辆丰田卡罗拉汽车，接通点火开关后，起动机转速很快，但发动机就是不能起动，也听不到齿轮的摩擦声和“嗒、嗒”的声音。根据故障现象，可以判断是起动机故障。起动机是由哪些零部件组成？如何检修起动机呢？

### 三、任务分析

起动机是汽车发动的关键零部件，当汽车出现无法正常起动时，怎样判断起动机是否正常是故障检修的关键。因此，需要了解汽车起动机的内部结构，并且掌握对相应部件的检测方法，才能有效判断起动机的好坏。

## 四、相关知识链接

起动机（俗称“马达”）是起动系统的主要组成部分，由串励式直流电动机、传动机构和电磁开关三部分组成，如图 3-1 所示为起动机的结构图。

教学视频

起动机的构造与工作原理

### （一）串励式直流电动机

直流电动机的构造是由电枢、磁极、电刷等组成，如图 3-2 所示。

**1. 电枢**

电枢由电枢轴、电枢绕组、换向器、铁芯等组成，其作用是产生电磁转矩，如图 3-3（a）所示。电枢绕组的两端均匀地焊在换向器片上，电枢绕组一般常用波绕法绕制而成，波绕法展开示意图如图 3-3（b）所示。

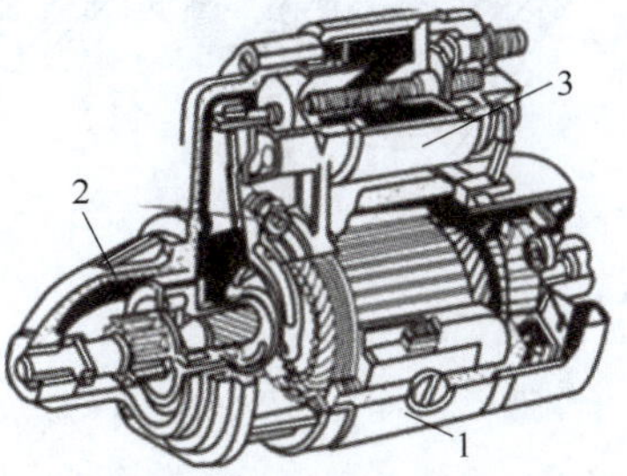


图 3-1 起动机的结构

1—直流电动机 2—传动机构 3—电磁开关

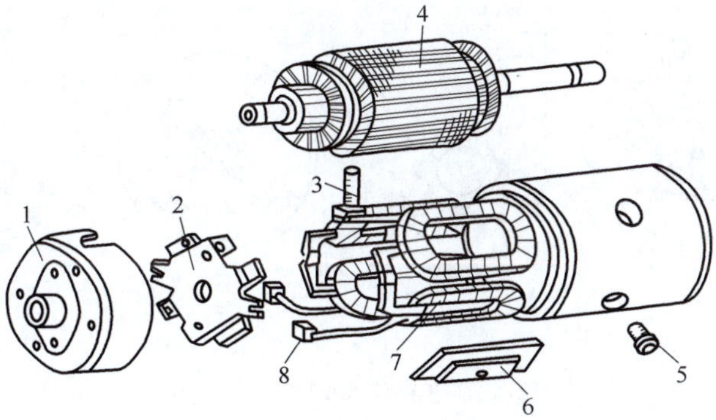


图 3-2 直流电动机的结构图

1—端盖 2—电刷架 3、7—磁场绕组 4—电枢 5—紧固螺丝 6—磁极铁芯 8—电刷

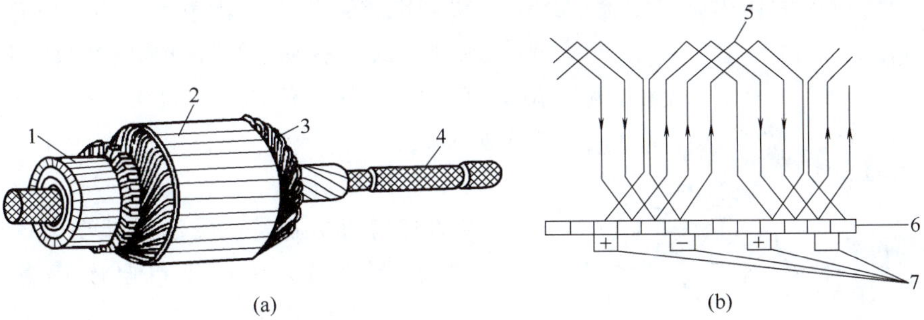


图 3-3 电枢的结构与电枢绕组的展开示意图

（a）电枢的结构 （b）电枢绕组的展开示意图

1、6—换向器 2—铁芯 3、5—电枢绕组 4—电枢轴 7—电刷

**2. 磁极**

磁极的作用是产生磁场，由铁芯和励磁绕组构成。为增大磁场强度，大多数起动机采

用四个磁极。通过螺钉将磁极铁芯固定在电动机的外壳上，磁极与磁路如图 3-4 所示。

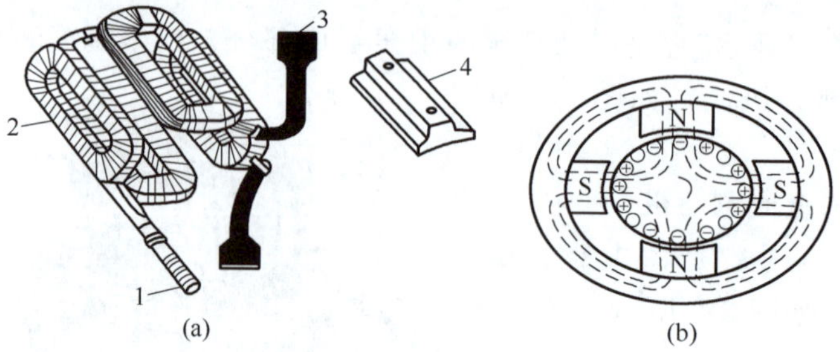


图 3-4　磁极与磁路

（a）磁极　（b）磁路

1—接线柱　2—励磁绕组　3—电刷　4—铁芯

励磁绕组与电枢绕组常见的接法，如图 3-5 所示，由于励磁绕组与电枢绕组串联，故称为串励式直流电动机。

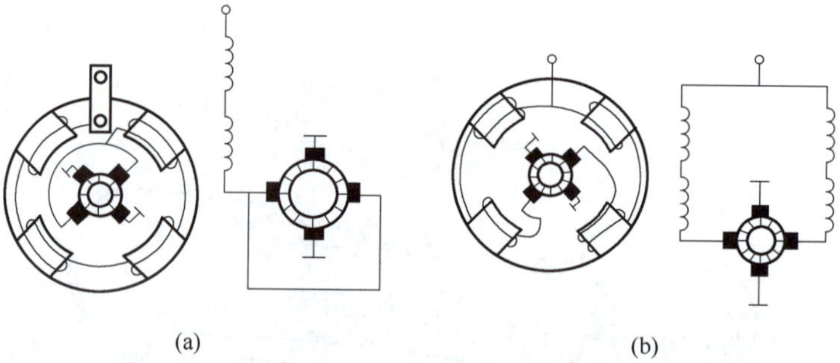


图 3-5　励磁绕组与电枢绕组的接法

（a）四个励磁绕组串联　（b）励磁绕组两两串联后再并联

**3. 电刷与电刷架**

电刷与电刷架的作用是将电流引入电动机使电枢产生定向转矩。电刷一般是用铜和石墨粉压制而成，有利于减小电阻及增加耐磨性。电刷装在电刷架中，借弹簧压力压在换向器上，如图 3-6 所示。

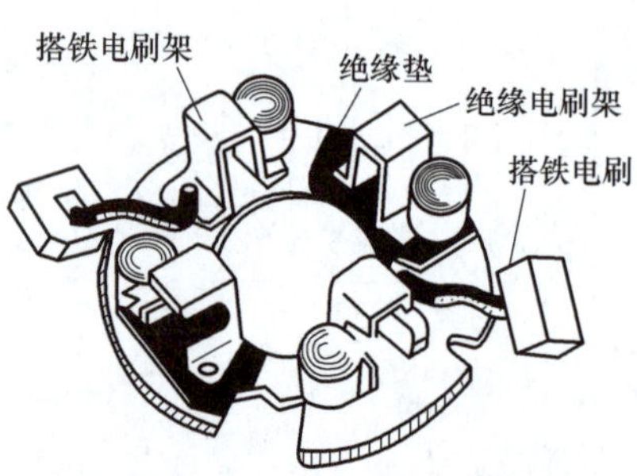


图 3-6　电刷与电刷架

### （二）传动机构

传动机构的功用是在发动机起动时，驱动小齿轮与飞轮齿圈啮合，将起动机电磁转矩传递给曲轴。在发动机飞轮转速高于起动机转速时，通过单向离合器切断驱动小齿轮和直流电动机之间的动力传递途径。起动完成后，驱动小齿轮与飞轮齿圈自动脱离啮合，以免损坏起动机。如图 3-7 所示为传动机构的工作示意图。

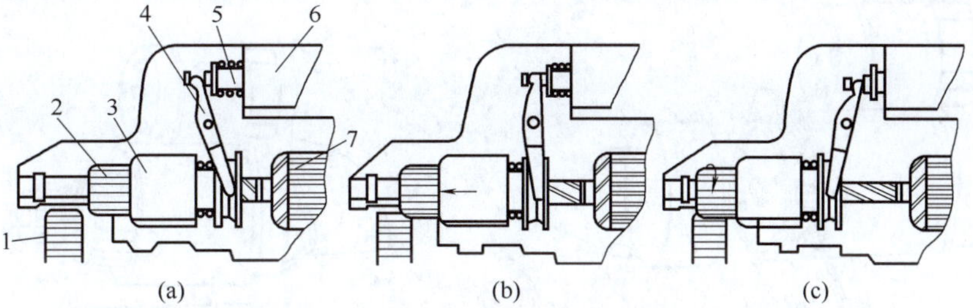


图 3-7　传动机构的工作示意图

（a）起动机静止状态　（b）驱动齿轮与飞轮齿圈正在啮合　（c）完全啮合

1—飞轮　2—驱动齿轮　3—单向离合器　4—拨叉　5—活动铁芯　6—电磁开关　7—电枢

### （三）操纵机构

如图 3-8 所示为电磁开关的结构与工作原理。

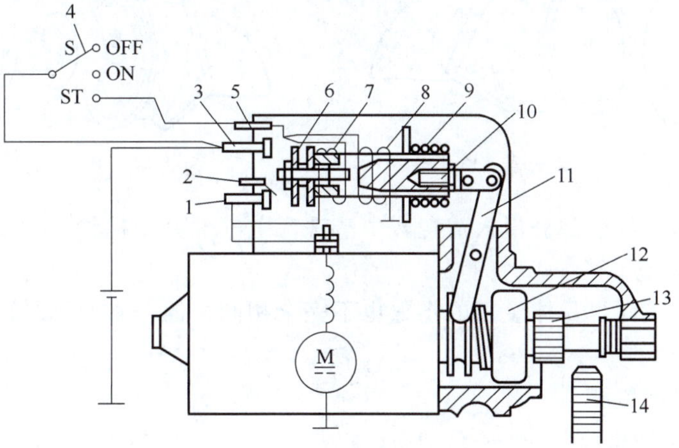


图 3-8　电磁开关的结构与工作原理

1、3—主接线柱　2—点火线圈附加电阻短路接线柱　4—点火开关　5—起动接线柱　6—接触盘　7—吸拉线圈　8—保持线圈　9—活动铁芯　10—调节螺钉　11—拨叉　12—单向离合器　13—驱动齿轮　14—飞轮

## 五、任务实施

### （一）起动机的拆装

#### 1. 起动机的分解

起动机解体前应清洁外部的油污和灰尘，然后按下列步骤进行解体：

（1）旋出防尘盖固定螺钉，取下防尘盖，用专用钢丝钩取出电刷；拆下电枢轴上止推圈处的卡簧，如图 3-9 所示。

（2）用扳手旋出两个紧固穿心螺栓，取下前端盖，抽出电枢，如图 3-10 所示。

（3）拆下电磁开关主接线柱与电动机接线柱间的导电片；旋出后端盖上的电磁开关紧固螺钉，使电磁开关后端盖与中间壳体分离，如图 3-11 所示。

（4）从后端盖上旋下中间支承板紧固螺钉，取下中间支撑板，旋出拨叉轴销螺钉，抽出拨叉，取出离合器，如图 3-12 所示。

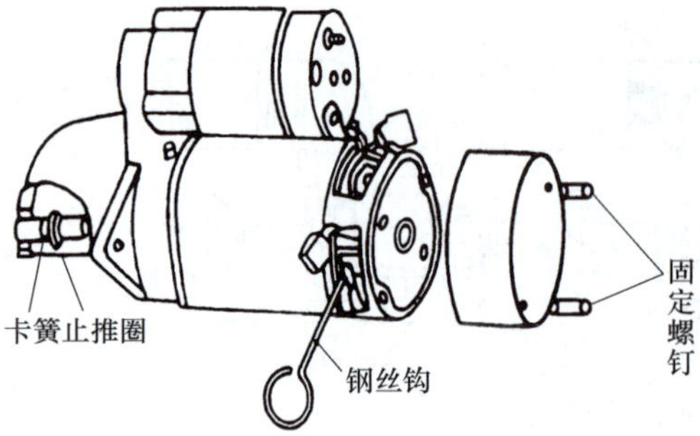


图 3-9　起动机分解步骤 1

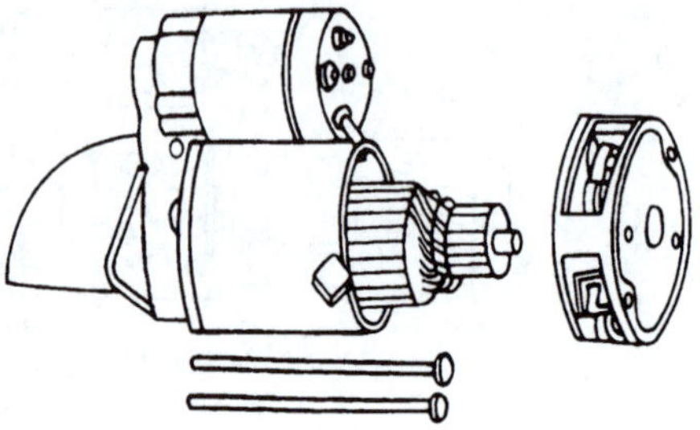

图 3-10　起动机分解步骤 2

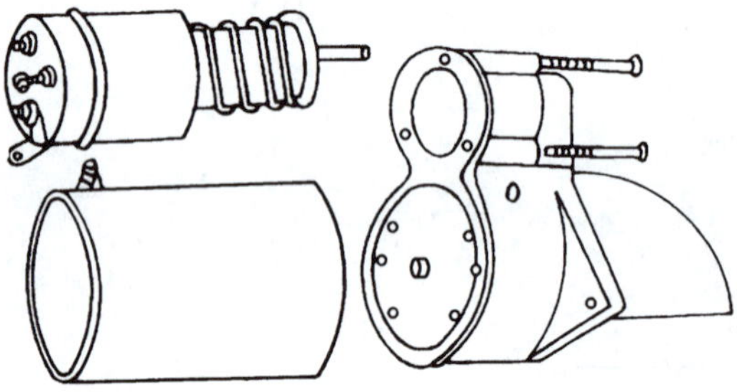

图 3-11　起动机分解步骤 3

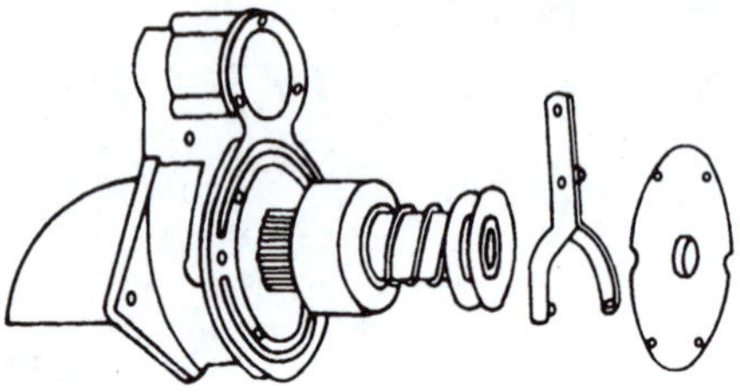

图 3-12　起动机分解步骤 4

（5）将已解体的机械部分侵入清洗液中清洗，电气部分用棉纱蘸少量汽油擦拭干净。

**2. 起动机的装复**

起动机的形式不同，具体装复的步骤也不完全相同，但基本原则是按分解时的相反步骤进行。

**（二）起动机的检测**

- **直流电动机的检测**

（1）磁场绕组的检测。如图 3-13 所示，万用表放在蜂鸣挡，用欧姆表检查励磁绕组和定子外壳时，应不导通。用欧姆表检查励磁绕组两电刷之间时，应导通。

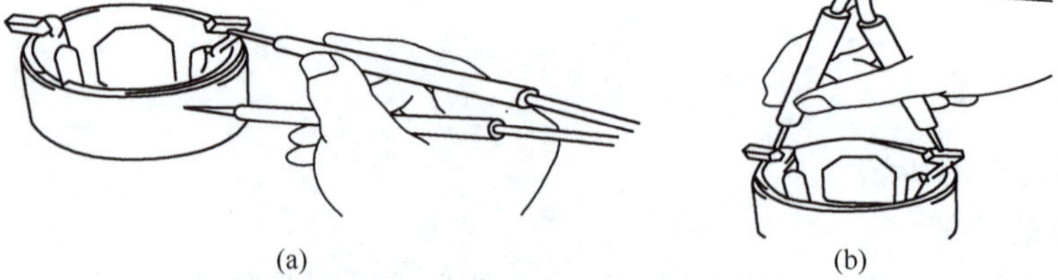

(a)　　(b)

图 3-13　磁场绕组及其外壳的检查

（a）检查励磁绕组和定子外壳　（b）检查励磁绕组两电刷

（2）电枢的检查。

① 万用表选择电阻挡兆欧挡位，换向器和电枢线圈铁芯之间不应导通，如图 3-14 所示。

② 万用表选择电阻挡检查电枢绕组（换向器的换向片与换向片间），两表笔放在两整流片上，应该导通，如图 3-15 所示。

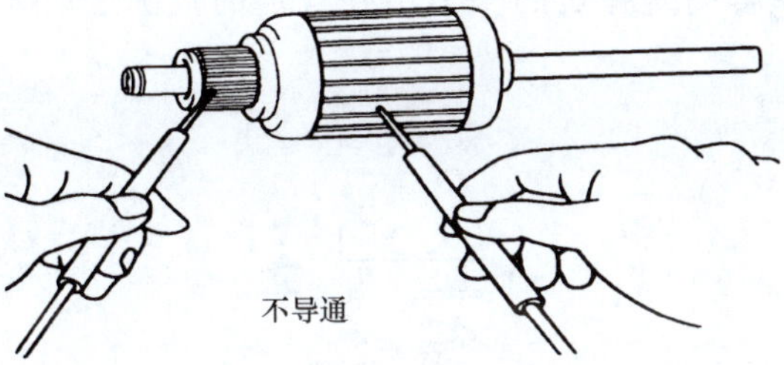


图 3-14　电枢检查步骤 1

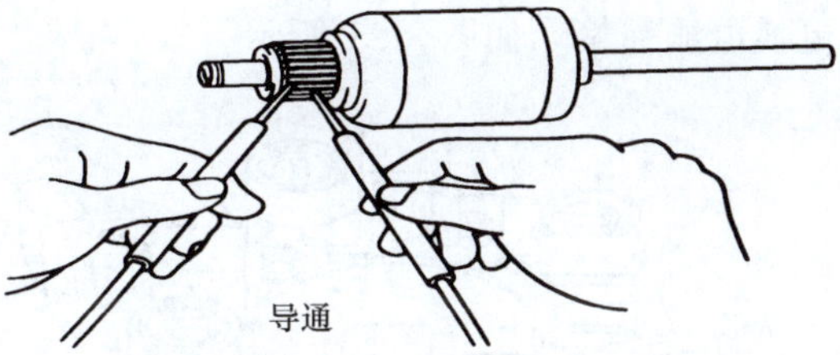


图 3-15　电枢检查步骤 2

③ 用百分表检查换向器失圆，其失圆（跳动量）不应超过 0.03mm，新的标准为 0.02mm，如图 3-16 所示。

④ 用游标卡尺检查换向器最小直径检查时应和标准值进行比较，若测得的直径小于最小值，应更换电枢，如图 3-17 所示。

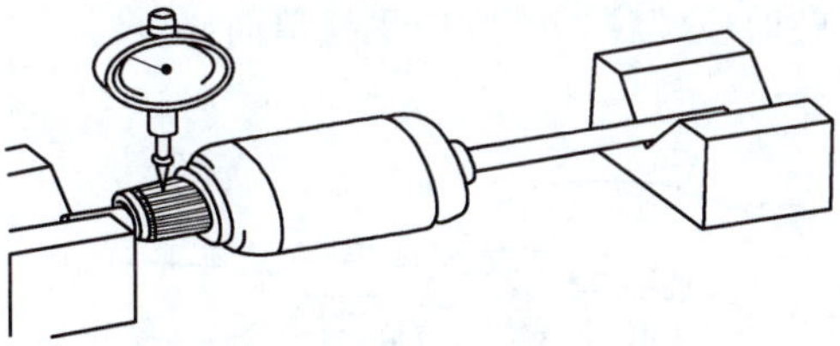

图 3-16　电枢检查步骤 3

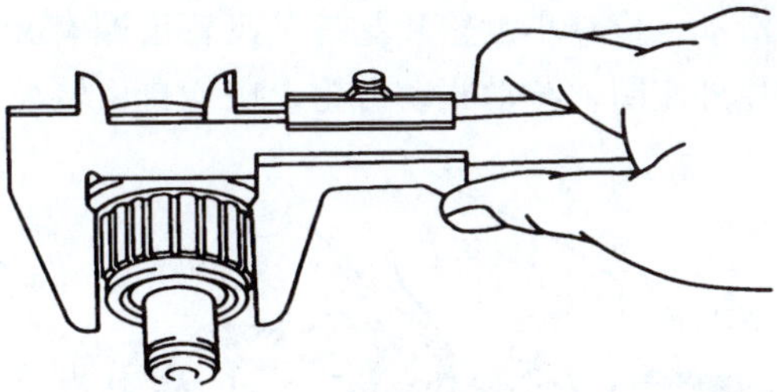

图 3-17　电枢检查步骤 4

⑤ 用百分表检查电枢轴跳动，其跳动量不应大于 0.08mm，否则应进行校正或更换电枢，如图 3-18 所示。

⑥ 换向器绝缘片的检查，换向片应洁净，无异物。绝缘片的深度为 0.5～0.8mm，最大深度为 0.2mm，太高应使用锉刀进行修正，如图 3-18（b）所示。

（3）电刷、电刷架及电刷弹簧的检查。

① 用游标卡尺测量电刷长度。测量电刷的长度时要结合具体的标准，不应小于最小长度标准即可，如图 3-19 所示。

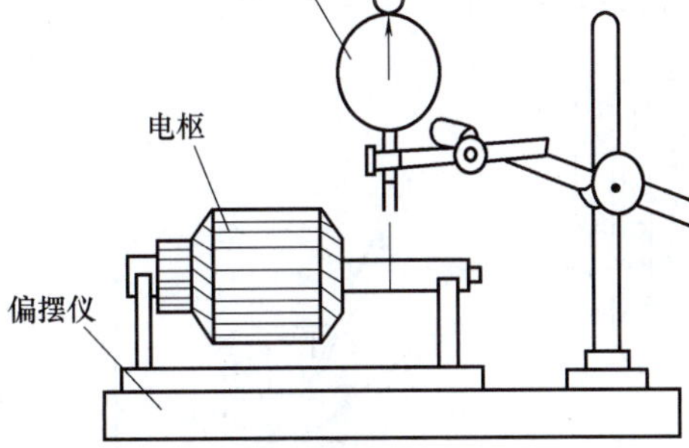


图 3-18　电枢检查步骤 5

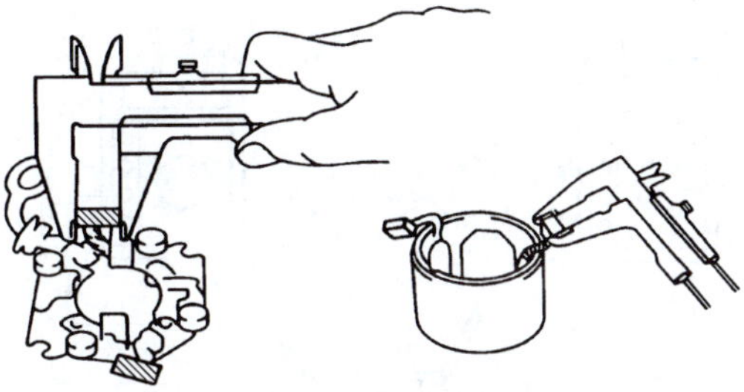

图 3-19　电刷长度检查

② 检查“＋”电刷架 A 和“－”电刷架 B 之间不应导通。若导通，应进行电刷架总成的更换，如图 3-20 所示。

③ 不同型号起动机的弹簧压力是不同的，若测得弹簧的张力不在规定的范围之内要更换电刷弹簧，如图 3-21 所示。

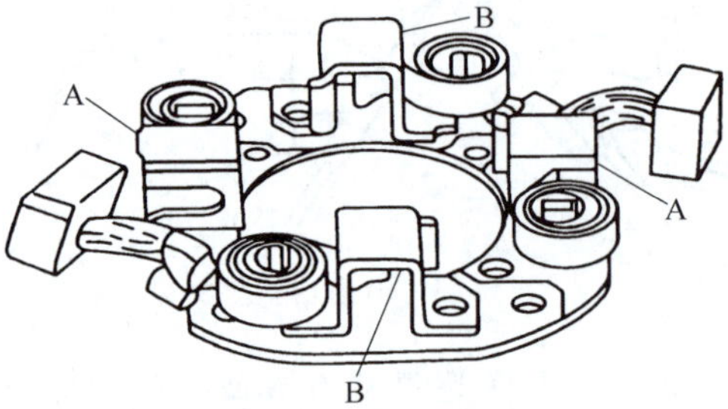


图 3-20 电刷架检测

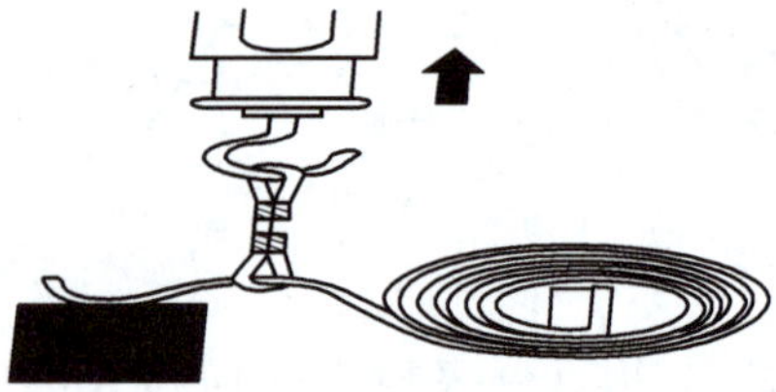

图 3-21 弹簧压力检测

（三）传动机构的检测

如图 3-22 所示握住电枢，当转动单向离合器外座圈时，驱动齿轮总成应能沿电枢轴自如滑动，检查小齿轮和花键及飞轮齿圈有无磨损和损坏，在确保驱动齿轮无损坏的情况下，握住外座圈，转动驱动齿轮，应能自由转动；反转时应锁住，否则应更换单向离合器。

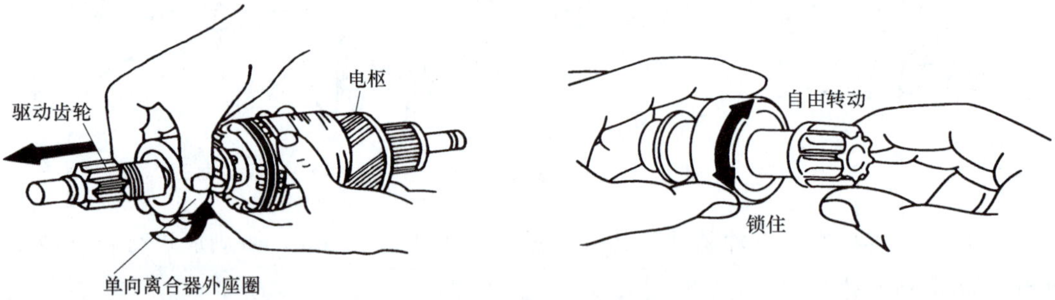


图 3-22 传动机构的检测

（四）电磁开关的检修

起动机构如果有起动继电器，则需要对其进行检查。其检查项目和方法如下。

**1. 起动继电器的检测**

用万用表检查，当给继电器线圈通电时，其触点吸合，此时用万用表检查时应导通。当给继电器线圈断电时，其触点打开，此时用万用表检查时应不通，如图 3-23 所示。

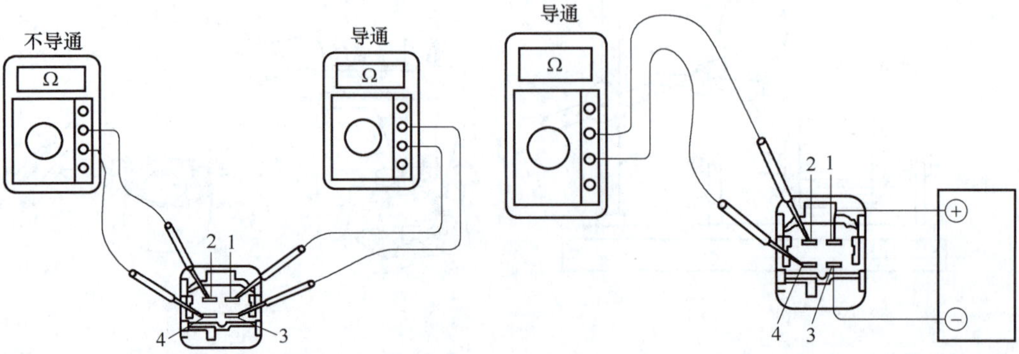


图 3-23 起动继电器的检测

1～4 触点

**2. 电磁开关的检查**

电磁开关在解体情况下检查的项目和方法如下：

(1) 活动铁芯的检查。推入活动铁芯，然后松开，活动铁芯应能迅速回位，如图 3-24 所示。

(2) 吸引线圈的开路检查。用欧姆表连接端子 50 和端子 C 时应导通，并且电阻的阻值应在标准范围内，可以进行不解体检查，如图 3-25 所示。

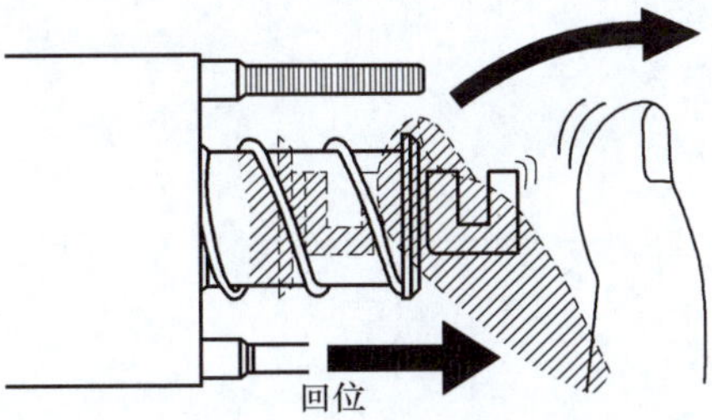


图 3-24　电磁开关的检测步骤

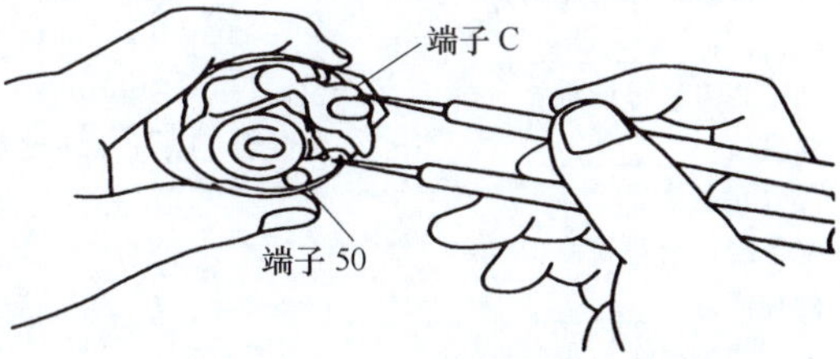


图 3-25　吸引线圈的检测

(3) 保持线圈的开路检查。用欧姆表连接端子 50 和搭铁时，应导通，并且电阻的阻值在标准范围内，可以进行不解体检查，如图 3-26 所示。

(4) 电磁开关接触片的检查。检查时，可用手推动活动铁芯，使其触盘与两接线柱接触，然后用欧姆表连接端子 30 和端子 C 时应导通，并且在正常情况下电阻的阻值为 0Ω，如图 3-27 所示。

解体检查结束之后，按照起动机装复的步骤进行装复。在装复之后，应进行性能测试。

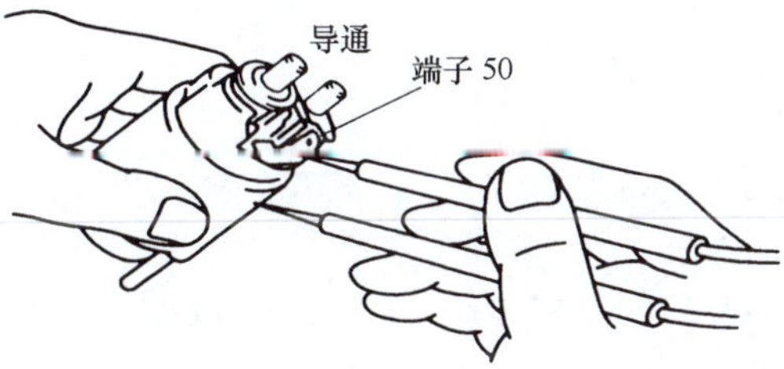


图 3-26　保持线圈的检测

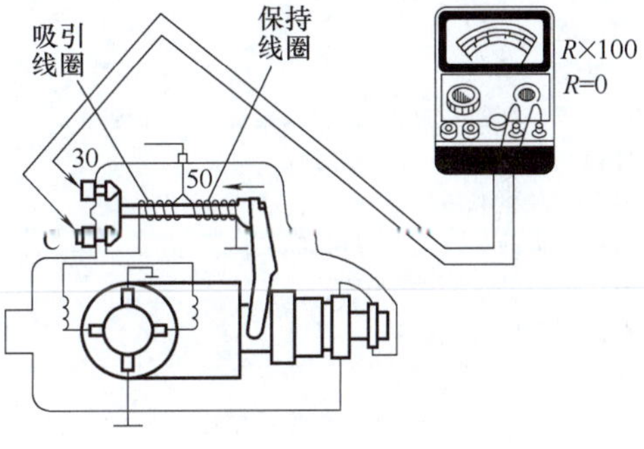


图 3-27　电磁开关的检测

## 六、任务工单

**起动机的拆装与检测操作工单**

| 信息获取 | 起动机型号 |
|---|---|
| 一、场地及设备初步检查(考前对场地安全和设备的检查及准备) | |
| (1)工量具检测准备 | 备注 |
| (2)仪器设备检查准备 | |
| (3)技术资料检查准备 | |

续表

| 二、操作过程 |
| --- |
| 1. 起动机的解体(不需要填写)<br>2. 起动机的检测<br>(1)转子的检查<br>① 目测换向器表面是否出现异常磨损和脏污： 有□ 无□<br>② 目测换向器片绝缘槽深度：<br>测量值：__________ 正常□ 小于极限□<br>③ 转子绕组绝缘断路的检查：<br>测量值：__________ 正常□ 断路□<br>④ 转子绕组绝缘检测：<br>测量值：__________ 正常□ 不绝缘□<br>(2)定子的检查<br>① 定子绕组断路检测：<br>测量值：________________ 正常□ 断路□<br>② 定子绕组绝缘检测(串励式)：<br>测量值：________________ 正常□ 不绝缘□<br>(3)电刷组件的检查<br>① 目测电刷是否有异常磨损： 有□ 无□<br>② 用手按压各弹簧，检查弹力是否一致： 一致□ 不一致□<br>③ 电刷长度的检查：<br>测量值：__________ 正常□ 下雨极限值□<br>(4)操纵机构的检查<br>① 电磁开关保持线圈的检查：<br>测量值：__________<br>正常□ 短路□ 断路□<br>② 电磁开关吸拉线圈的检查：<br>测量值：__________<br>正常□ 短路□ 断路□<br>③ 用手压下电磁开关移动铁心，检查主接柱导通：<br>导通□ 不导通□<br>(5)传动机构的检查<br>① 目测各传动部件是否有损坏：<br>有□ 无□<br>② 单向离合器的检查：<br>正常□ 打滑□<br>3. 起动机的装复与检验(不需要填写) |

## 任务二　起动系统的线路连接与检测

教学课件

起动机线路检测

### 一、任务目标

**知识与技能：**

(1) 熟悉丰田汽车起动电路分析方法。

(2) 熟悉大众汽车起动电路分析方法。

(3) 掌握汽车起动电路线路连接方法。

(4) 掌握汽车起动电路的检测方法。

**过程与方法:**

(1) 通过小组合作、讨论，培养学生团队协作能力。学会连接汽车起动电路。

(2) 通过直观的实践操作，激发学生学习的热情。

(3) 通过利用多种形式的学习资源，引导学生自主学习，进而培养他们分析处理问题和主动学习的能力。

**情感态度价值观:**

(1) 培养学生认真、严谨的学习态度。

(2) 充分调动学生的能动性，发挥团队的协作作用。

(3) 树立正确的学习观，养成良好的学习习惯，建立学习自信心。

## 二、任务描述

丰田卡罗拉汽车无法正常起动，很大可能是汽车起动系统故障。常见故障有汽车起动机不能停转、起动机不转动、起动机转动无力等。怎样有效排除上述故障呢?

## 三、任务分析

起动系统的控制电路是以来自蓄电池的小电流控制起动机电路中的大电流，为起动机带动发动机起动提供动力。要排除起动系统故障，首先要学会分析汽车起动系统电路图，其次要熟知汽车起动线路的连接及检测方法，有针对性地进行检修，排除相关故障。

## 四、相关知识链接

汽车起动系统主要由：蓄电池、起动机、点火开关、起动继电器组成。

### (一) 起动系统控制电路主要部件

#### 1. 点火开关

点火开关一般是由钥匙或按钮接通，内部用普通规格电线与蓄电池相连。当点火钥匙旋转或按钮按动到起动位置时，将有小电流通过电磁开关的线圈，使电磁开关闭合，允许足够大的起动电流直接流向起动机。点火开关除了控制起动电路以外，点火开关还有锁止方向盘、接通电气系统以及接通车载电脑故障诊断系统等功能。

#### 2. 电磁开关

电磁开关是控制起动电路的主要部件，包含带继电器的电磁开关和不带继电器的电磁开关。电磁开关内由电磁铁组成，电磁铁是一个使活动铁芯运动产生吸引力或保持力的电磁装置，结构如图 3-28 所示，电磁铁直接固定在起动机的顶部。

在起动过程中，电磁铁通过其线圈产生的电磁场完成两项不同的工作。第一项工作是推动起动机驱动齿轮与发动机飞轮啮合，这是电磁铁的机械工作。第二项工作是在驱动齿轮啮合后充当继电器，当电磁铁的触点闭合时，蓄电池开始向起动机供电。

电磁铁有吸引线圈和保持线圈两个独立绕组，两个绕组的匝数大致相同，但导线的截面尺寸不一样。两绕组产生的电磁力必须把活动铁芯吸到电磁铁内，导线较粗的吸引线圈

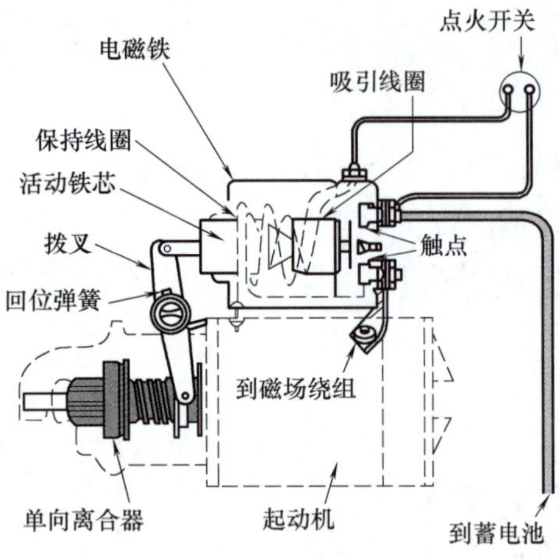

图 3-28　电磁开关在起动系统中的位置

把活动铁芯吸进电磁铁内，而导线较细的保持线圈则把活动铁芯保持在电磁铁内。

当点火开关旋转到起动位置时，两个绕组都被接通。当活动铁芯接触盘与电磁线圈的端子接触时，吸引线圈被短路失效。同时，活动铁芯接触盘使蓄电池与起动机处于接通状态，直接向起动机的磁场绕组和电枢绕组供给大电流，产生强大的电磁转矩，带动发动机的运转。

当电磁铁的活动铁芯移动时，拨叉绕着支撑销转动，推动起动机驱动齿轮与飞轮齿圈啮合。当起动机通电后，其电枢开始转动，转矩通过单向离合器和驱动齿轮传输给飞轮，拖转发动机。

对于电磁控制直接驱动的起动系统，驱动齿轮的轮齿可能不会立即与飞轮齿圈啮合，如果发生这种情况，位于驱动齿轮后方的弹簧将被压缩，使电磁铁的活动铁芯能够完成其行程。当起动机电枢开始转动时，驱动齿轮的轮齿与飞轮的轮齿迅速对正，在弹簧压力作用下进入啮合状态。

教学视频

起动机继电器控制式起动系统电路

**3. 起动机继电器**

起动机继电器是另一种被使用的控制起动电路的开关。在起动控制电路中继电器与蓄电池串联，以便缩短传输大电流电缆长度。典型起动机继电器在起动控制电路中的位置，如图 3-29 所示。

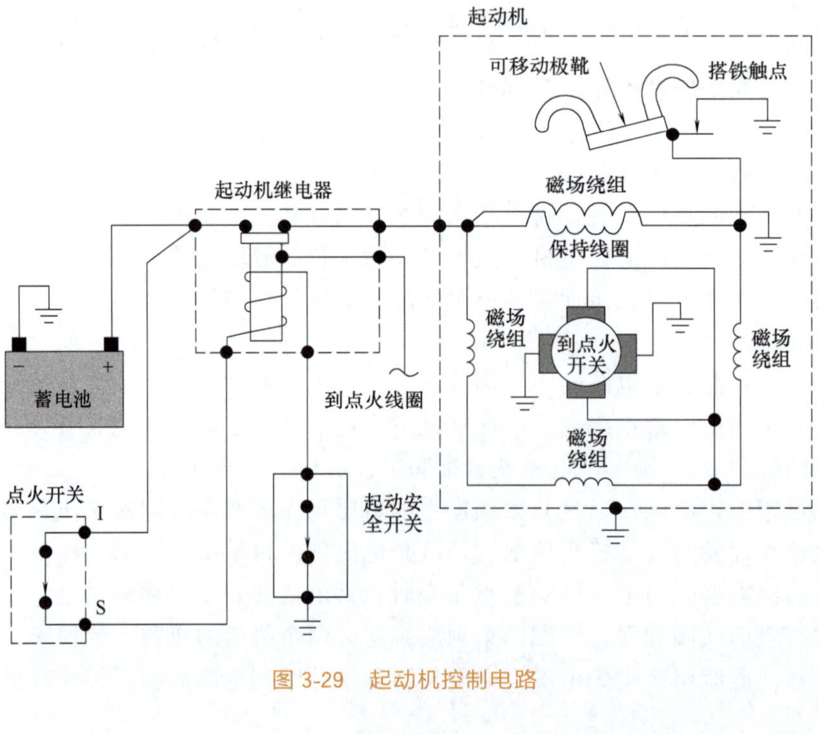

图 3-29　起动机控制电路

它与电磁铁非常相似，但它并不移动驱动齿轮啮合，而只是一个电动继电器或电动开关。当电流从点火开关到达继电器起动开关接线端时，继电器线圈中会产生强磁场，磁场力将吸引铁芯，使接触盘顶在继电器的蓄电池接线端子和起动接线端子上，允许电流流经起动机。

起动机继电器的另一个作用是在拖转发动机期间为点火线圈提供替代通路，使电流旁通过点火初级回路中电阻线（或附加电阻）。当活动铁芯接触盘与继电器的点火旁通端子接触时，实现这一功能。并非所有起动系统都有点火旁通设置。

## （二）丰田汽车起动系统电路图

丰田卡罗拉汽车起动系统电路图，如图 3-30 所示。

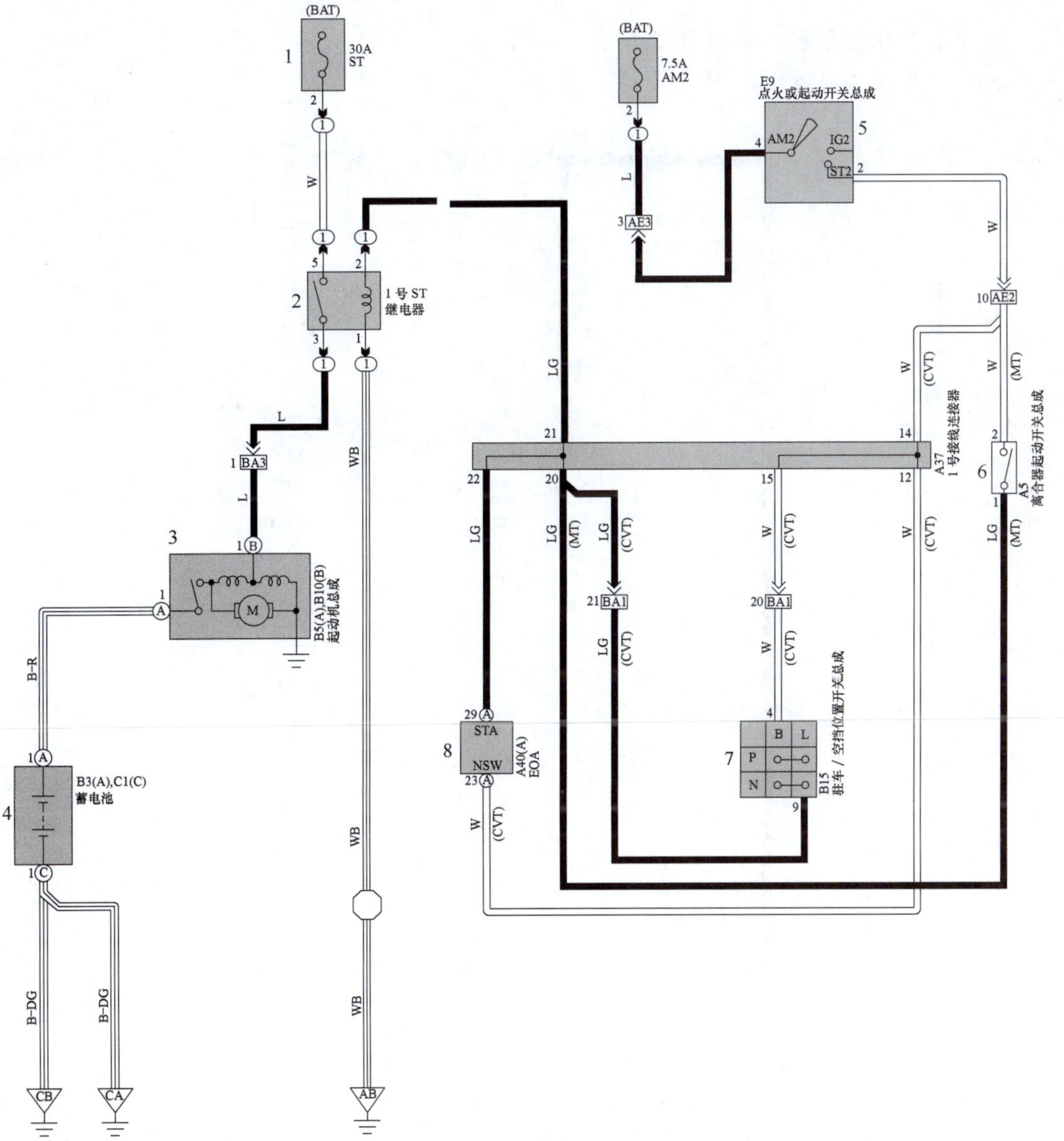


图 3-30　丰田卡罗拉汽车起动系统电路图

1—起动控制保险　2—起动控制继电器　3—起动机　4—蓄电池　5—点火开关总成
6—离合器踏板开关总成　7—挡位开关总成（P/N 挡）　8—ECU

丰田卡罗拉汽车起动系统电路核心部分是起动机及起动继电器。继电器线圈电路通过点火开关起动挡接通，线圈电路接通后继电器触点闭合，接通起动机电路。起动机有三个接线端，分别为 50 端、30 端及接地端。当点火开关打到起动挡位时 50 端通电，电流在起动机内部分为两路，一路经过保持线圈后搭铁流入蓄电池负极，一路通过吸引线圈、电枢后搭铁流入蓄电池负极，吸引线圈、保持线圈通电后产生吸引力拨动拨叉，拨叉移动接通 30 端电源短接吸引线圈，保持线圈单独产生的吸引力维持起动机齿轮与发动机飞轮耦合，发动机起动后由于点火开关复位，起动系统继电器线圈断电，起动机保持线圈失电失去吸引力，拨叉复位，起动机齿轮与发动机飞轮分离，完成汽车起动。

**（三）大众汽车起动系统电路图**

大众汽车起动系统电路图如图 3-31 所示。

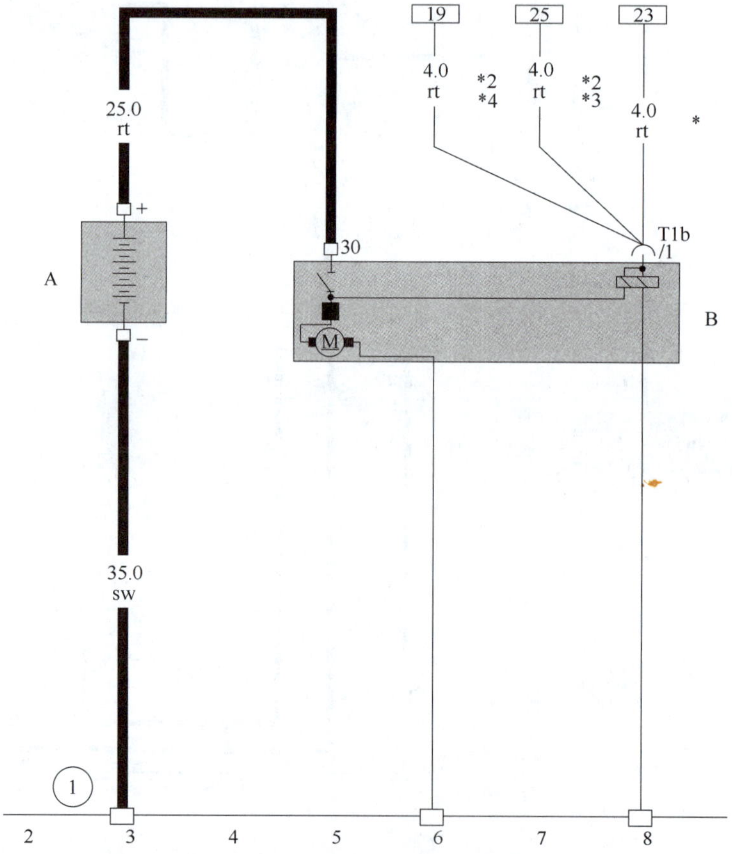


图 3-31　大众汽车起动系统电路图

大众汽车起动系统电路与丰田汽车相似，不同之处在于起动机有 4 个对外接线端，两个端子对外接地，有的车型还增加励磁控制 C 端子。两种车型从起动机电路控制原理上与丰田汽车相似，大众汽车一般在停车挡时才能起动，丰田汽车在停车挡及空挡才能起动。

## 五、任务实施

教学视频

起动机的试验

- **起动机的简易试验**

**1. 吸引动作试验（图 3-32）**

（1）将起动机固定到台虎钳上。

（2）拆下起动机 C 端子上的导电铜片，用电缆将起动机 C 端子和电磁开关壳体分别与蓄电池负极连接。

（3）用电缆将起动机 50 端子与蓄电池正极连接，此时，驱动齿轮应向外移出。

如果驱动齿轮不动，则说明电磁开关故障，应予以修理或更换。

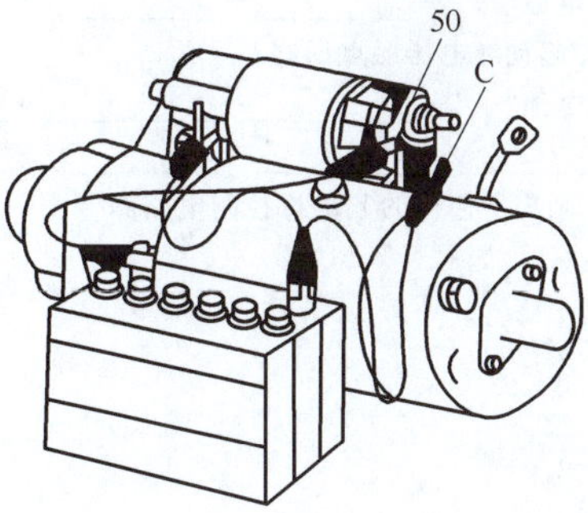


图 3-32　吸引动作试验

**2. 保持动作试验（图 3-33）**

（1）在吸引动作试验的基础上，当驱动齿轮在伸出位置时，拆下电磁开关 C 端子上的电缆。此时，驱动齿轮应保持在伸出位置不动。

（2）如驱动齿轮复位，则说明保持线圈断路，应予以检修或更换电磁开关。

**3. 复位动作试验（图 3-34）**

（1）在保持动作试验的基础上，再拆下起动机壳体上的电缆。此时，驱动齿轮应迅速复位。

（2）如驱动齿轮不能复位，则说明复位弹簧失效，应更换弹簧或电磁开关总成。

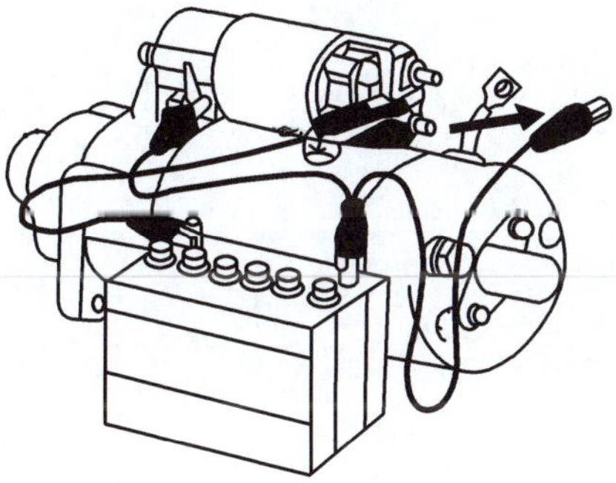

图 3-33　保持动作试验

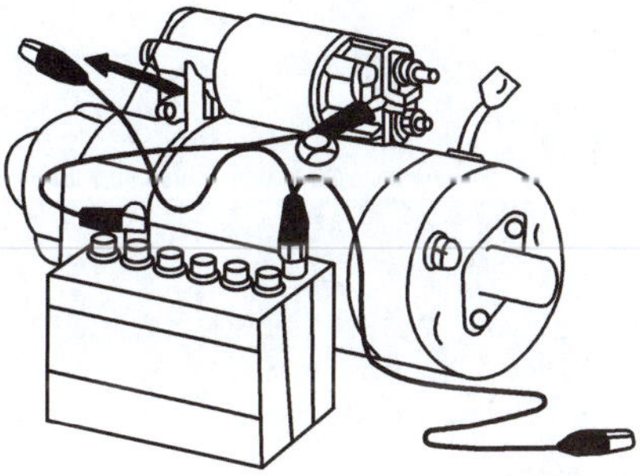

图 3-34　复位动作试验

## 六、任务工单

**起动机线路连接操作工单**

| 一、场地及设备初步检查（考前对场地安全和设备的检查机准备） | |
|---|---|
| （1）工量具检查准备 | 备注 |
| （2）仪器设备检查准备 | |
| （3）技术资料检查准备 | |

续表

| 二、操作过程 |
|---|
| 1. 主供电回路<br>蓄电池“+”→________→________→________→________<br>2. 控制回路<br>(1)起动继电器线圈回路：<br>蓄电池“+”→________→________→________→________<br>(2)起动继电器触点回路；<br>蓄电池“+”→________→________→________<br>________→________→________→________<br>3. 画出所连接的起动机控制电路图<br><br><br><br><br> |

# 项目四

# 点火系统

## 任务一 传统点火系统的检修

教学课件

点火系统

### 一、任务目标

**知识与技能：**

（1）正确理解掌握传统点火系统的构造与工作原理。

（2）熟悉传统点火系统电路分析方法。

（3）掌握传统点火系统部分零部件的拆装与调整。

（4）掌握传统点火系统的检测方法。

**过程与方法：**

（1）通过小组合作、讨论，培养学生团队协作能力。学会传统点火系统部分零部件的拆装与调整。

（2）通过直观的实践操作，激发学生学习的热情。

（3）通过利用多种形式的学习资源，引导学生自主学习，进而培养他们分析处理问题和主动学习的能力。

**情感态度价值观：**

（1）培养学生认真、严谨的学习态度。

（2）充分调动学生的能动性，发挥团队的协作作用。

（3）树立正确的学习观，养成良好的学习习惯，建立学习自信心。

### 二、任务描述

发动机点火系统，按其组成和产生高压电的方式不同可分为蓄电池传统白金点火系统、电子点火系统、微机控制点火系统。由于传统蓄电池白金点火系统存在产生的高压电比较低、高速时工作不可靠、使用过程中需要经常检查和维护等缺点，目前已被电子点火系统和微机点火系统所取代。

### 三、任务分析

本任务主要学习传统点火系统各部件的组成、原理及检修方法，学完能独立完成传统点火系统各部件拆装、保养及检修。

## 四、相关知识链接

### （一）点火系统概述

**1. 点火系统的功用**

在发动机各种工况和使用条件下，在气缸内适时、准确、可靠地产生电火花，以点燃可燃混合气，使发动机做功。

**2. 点火系统的类型**

按其组成和产生高压电方式的不同可分为传统蓄电池点火系统、电子点火系统、微机控制点火系统和磁电机点火系统。

传统点火系统以蓄电池和发电机为电源，借点火线圈和断电器的作用，将电源提供6V、12V或24V低压直流电转变为高压电，再通过分电器分配到各缸火花塞，使火花塞两电极之间产生电火花，点燃可燃混合气，如图4-1所示。

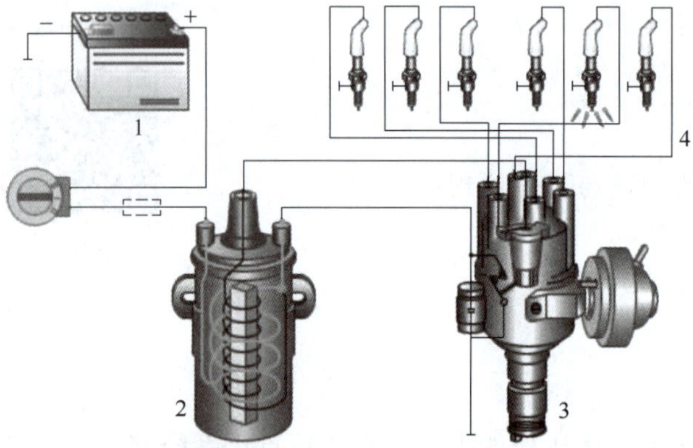


图 4-1　蓄电池点火系统

1—蓄电池　2—电磁阀　3—点火线圈　4—喷油嘴

**3. 点火系统的基本要求**

（1）能产生足以击穿火花塞两电极间隙的电压。

（2）电火花应具有足够的点火能量。

（3）点火时刻应与发动机的工作状况相适应。

（4）点火系统的特点。采用单线制连接，即电源的一个电极用导线与各用电设备相连，而电源的另一个电极则通过发动机机体、汽车车架和车身等金属构件与各用电设备相连，称为搭铁，其性质相当于一般电路中的接地。搭铁的电极可以是正极也可以是负极。

### （二）传统点火系统组成与工作原理

**1. 传统点火系统的组成**

主要由电源（蓄电池和发电机）、点火开关、点火线圈、电容器、断电器、配电器、火花塞、阻尼电阻和高压导线等组成，如图4-2所示。

（1）点火开关。用来控制仪表电路、点火系统初级电路以及起动机继电器电路的开与闭。

（2）点火线圈。相当于自耦变压器，用来将电源供给的12V、24V或6V的低压直流电转变为15～20kV的高压直流电。

（3）分电器。由断电器、配电器、电容器和点火提前调节装置等组成。它用来在发动机工作时接通与切断点火系统的初级电路，使点火线圈的次级绕组中产生高压电，并按发动机要求的点火时刻与点火顺序，将点火线圈产生的高压电分配到相应气缸的火花塞上。

（4）断电器。由断电器凸轮、断电器触点、断电器活动触点臂等组成。断电器凸轮由发动机凸轮轴驱动，并以同样转速旋转，即发动机曲轴每转两周，断电器凸轮转一周。

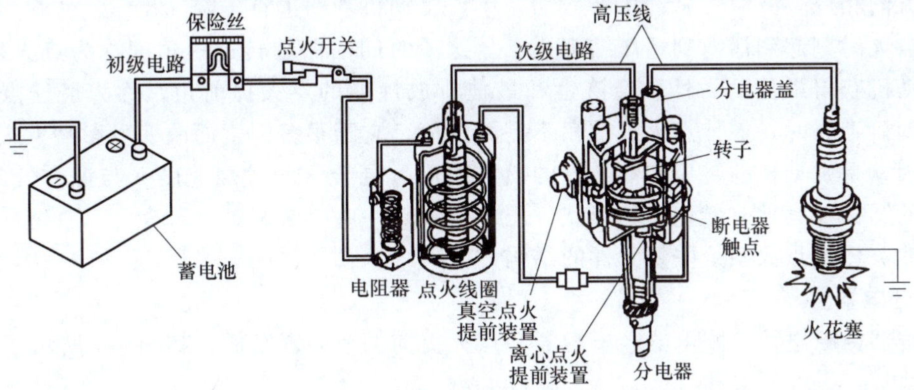


图 4-2　传统点火系统的组成

（5）配电器。由分电器盖和分火头组成。用来将点火线圈产生的高压电分配到各缸火花塞。分电器盖上有一个中心电极和若干旁电极，旁电极数目与发动机的气缸数相等。

（6）点火提前调节装置。由离心和真空两套点火提前调整装置组成，分别安装在断电器底板的下方和分电器的外壳上，用来在发动机工作时随发动机工况的变化自动调整点火提前角。

（7）火花塞。由中心电极和侧电极组成，安装在发动机的燃烧室中，用来将点火线圈产生的高压电引入燃烧室，点燃燃烧室内的可燃混合气。

（8）电源。提供点火系统工作时所需的能量，由蓄电池和发电机构成，其标称电压一般为 12V。

**2. 传统点火系统的工作原理**

接通点火开关，发动机开始运转。发动机工作时，分电器轴连同凸轮一起在发动机凸轮轴的驱动下旋转，凸轮旋转时交替地使断电器触点打开与闭合。在点火开关接通的情况下，当触点闭合时，点火线圈一次绕组中有电流流过。流过一次绕组的电流称为一次电流 $i_1$，一次电流所流过的路径称为一次电路，或低压电路，其路径如图 4-3 所示。

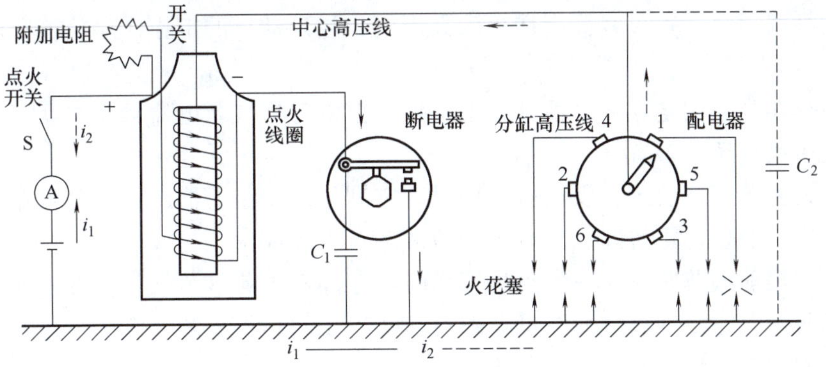


图 4-3　点火系统工作原理图

**（三）点火时刻**

应提前点火，即在活塞到达压缩行程上止点之前火花塞跳火，但是，若点火过早，则活塞还在向上止点移动时，气缸内压力已达到很大数值，这时气体压力作用的方向与活塞运动的方向相反，此时，发动机有效功减小，发动机功率也将下降。

从点火时刻起到活塞到达压缩上止点，这段时间内曲轴转过的角度称为点火提前角。能使发动机获得最佳动力性、经济性和最佳排放性能的点火提前角，称为最佳点火提前角。发动机工作时，最佳点火提前角不是固定值，它随很多因素而改变。影响点火提前角的主要因素是发动机的转速和混合气的燃烧速度。混合气的燃烧速度又与混合气的成分、发动机的结构及其他（燃烧室的形状、压缩比等）一些因素有关。

**（四）传统点火系统主要元件的结构**

**1. 分电器**

分电器由断电器、配电器、电容器和点火提前调节装置组成，如图 4-4 所示。

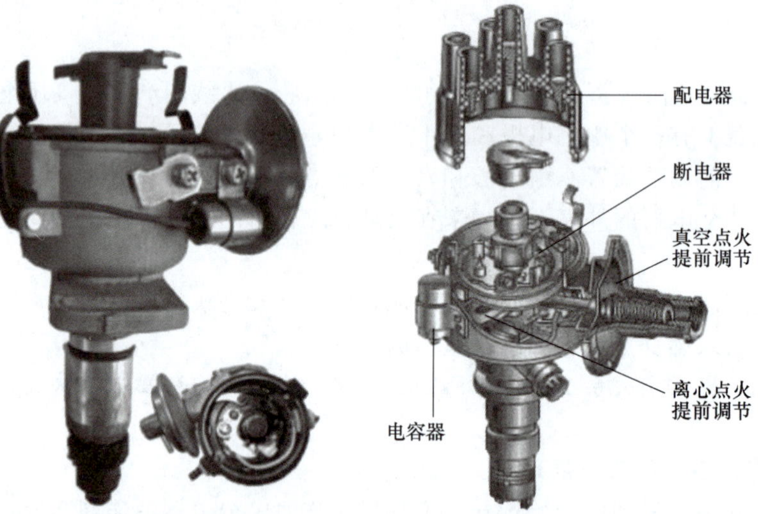


图 4-4　分电器结构图

（1）断电器功用是周期地接通和切断点火线圈初级绕组的电路，使初级电流和点火线圈铁芯中的磁通发生变化，以便在点火线圈的次级绕组中产生高压电。

（2）配电器用来将点火线圈中产生的高压电，按发动机的工作次序轮流分配到各气缸的火花塞。

（3）电容器外壳固定在分电器外壳上搭铁，使电容器与断电器触点并联。

（4）点火提前调节装置。

离心点火提前调节装置：发动机工作时，它利用改变断电器凸轮与分电器轴之间的相对位置的方法，在发动机转速变化时自动地调节点火提前角。

真空点火提前调节装置：在发动机工作时，它随着负荷（节气门开度）的变化，自动调节点火提前角，它是利用改变断电器触点与凸轮之间相位关系的方法进行调节的，在发动机负荷增大时自动地减小点火提前角。

**2. 点火线圈**

将蓄电池或发电机输出的低压电转变为高压电的升压变压器，它由初级绕组、次级绕组和铁芯等组成，如图 4-5 所示。按其磁路的形式，可分为：

（1）开磁路点火线圈。根据低压接线柱数目的不同，分为两接线柱式和三接线柱式两

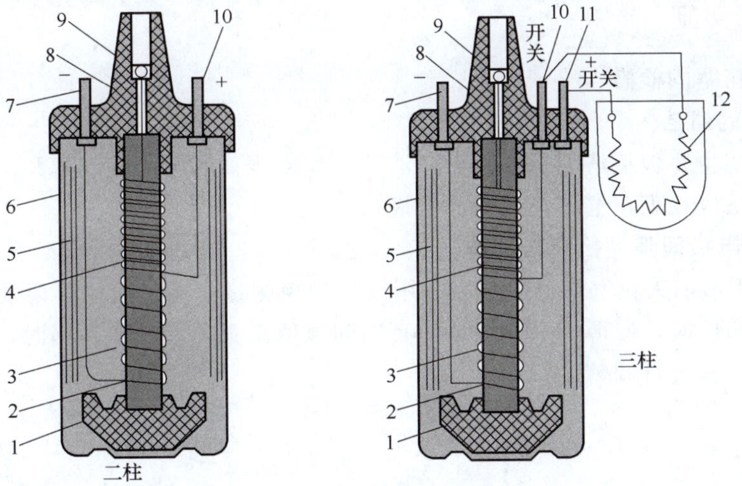


图 4-5 点火线圈结构图

1—瓷杯 2—铁芯 3—初级绕组 4—次级绕组 5—钢片 6—外壳 7—“−”接柱 8—胶木盖 9—高压线插座 10—“+”或“开关”接柱 11—“+开关”接柱 12—附加电阻

种。三接线柱式点火线圈配有附加电阻，其低压接线柱分别标有：“−”“+”和“+1 开关”的标记，附加电阻接在“+”和“+开关”之间；两接线柱式点火线圈无附加电阻，只有标有“+”“−”标记的两个接线柱。无论是三接线柱式还是两接线柱式的开磁路点火线圈，其内部结构是一样的。

(2) 闭磁路点火线圈。与传统点火线圈相比，其铁芯为一带有小气隙的“口”或“日”字的形状。初级绕组在铁芯中产生的磁通通过铁芯形成闭合磁路，减少了漏磁损失，所以转换效率较高，可达 75%。

**3. 火花塞**

火花塞的功用是将点火线圈或磁电机产生的脉冲高压电引入燃烧室，并在其两个电极之间产生电火花，以点燃可燃混合气，如图 4-6 所示。火花塞中心电极与侧电极之间的间隙，称为火花塞间隙。

“热型”火花塞，它适用于低速、低压缩比的小功率发动机。“冷型”火花塞，它适用于高速、高压缩比大功率的发动机。裙部长度介于冷型与热型之间的火花塞，称为普通型火花塞。

间隙过小，火花微弱，并容易产生积碳而漏电；间隙过大，火花塞击穿电压增高，发动机不易起动，且在高速时容易发生“缺火”现象。因此，火花塞间隙的大小应适当。在传统点火系统中，火花塞间隙一般为 0.6～0.7mm，但若采用电子点火时，则间隙增大到 1.0～1.2mm。

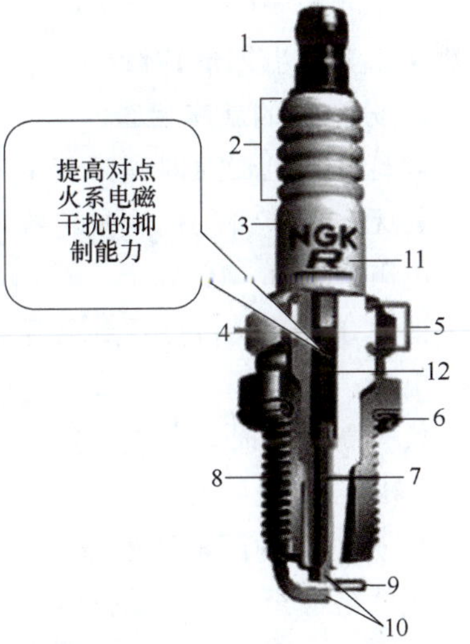


图 4-6 火花塞结构图

1—接线螺母 2—高氧化铝陶瓷绝缘体 3—商标 4—钢质壳体（六角形） 5—内垫圈（密封导热） 6—密封垫圈 7—中心电极导电杆 8—火花塞裙部螺纹 9—电极间隙 10—中心电极和侧电极 11—型号 12—去干扰电阻

## 五、任务实施

### （一）火花塞的检修

**1. 火花塞的清洁**

清洁火花塞主要包括清理螺纹积垢、清洗火花塞表面和清除火花塞积碳等。清除火花塞积碳正规做法应在火花塞清洁试验器上进行。

**2. 火花塞电极间隙的检查与调整**

如图 4-7 所示，火花塞电极间隙应采用圆形量规测量，不宜使用厚薄规测量，因为当侧电极上制有凹坑时，厚薄规不能测量出真实间隙值。火花塞间隙不当时，应用特制的测量工具弯曲侧电极进行调整。

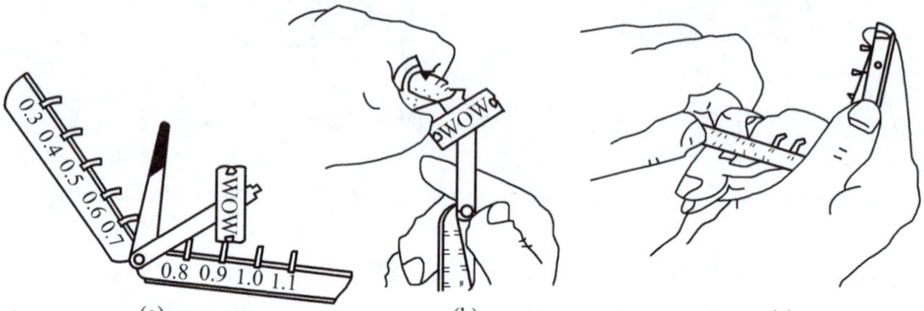


(a) (b) (c)

图 4-7 火花塞检测

（a）测量调整用工具 （b）调整火花塞间隙 （c）测量火花塞间隙

### （二）分电器的检修

**1. 分电器的就车检查**

未打开分电器盖时观察分电器盖有无裂纹。打开分电器盖察看碳刷是否太短及有无弹性。若无问题，可采用测量绝缘电阻的方法检查分电器盖高压线插孔之间是否漏电，一般绝缘电阻应在 50MΩ 以上。检查分火头的绝缘性时，可将中心高压线拔出，使线端距分火头铜片 3～5mm，打开点火开关并转动发动机试火。若有火花，说明分火头已漏电，应进行更换。

检查高压线时，一是观察是否有破损；二是测量导线的电阻值，一般高压导线的电阻应在 25kΩ 以下。

**2. 分电器的配电器检查**

在就车检查时若发现分电器轴与分电器壳体之间的间隙过大，分电器凸轮轴（传统分电器）磨损，则应在汽车电器试验台上检测配电器分火的均匀性（火花间隔角度正常时应相差±10°）。若不符合要求，则应更换分电器总成。

### （三）点火线圈

**1. 常见故障**

点火线圈用来将电源供给的 12V、24V 或 6V 的低压直流电转变为 15～20kV 的高压直流电，主要由铁芯、初级绕组、次级绕组、导磁钢套、瓷座、外壳等组成。

常见故障为初级绕组和次级绕组的断路、短路、搭铁故障，发火强度不足等。

**2. 点火线圈的检修**

（1）在点火开关闭合时，用万用表直流电压挡检查点火线圈初级绕组“＋”接线柱是否为蓄电池电压。若无电压，则应检查蓄电池至点火线圈初级绕组“＋”接线柱之间的电压是否断路。

（2）在点火开关断开时，用万用表电阻挡测量初级和次级绕组的电阻值，判断点火线圈内部是否有短路或断路的故障。

## 六、任务工单

**传统点火系统检测工单**

| | |
|---|---|
| 信息获取 | 车型 |
| 一、场地及设备初步检查（考前对场地安全和设备的检查及准备） | |
| (1)工量具检测准备 | 备注 |
| (2)仪器设备检查准备 | |
| (3)技术资料检查准备 | |
| (4)汽车停放位置检查 | |
| (5)放置车轮三角块 | |
| (6)连接尾气抽排管 | |
| (7)放置方向盘套和脚垫 | |
| (8)放置发动机及翼子板罩 | |
| (9)发动机机油、冷却液检查 | |
| (10)蓄电池状况检查 | |
| 二、故障诊断 | |
| 1. 记录检测步骤<br><br><br>2. 记录检测数据<br><br><br>3. 画出传感器波形 | |

# 任务二　电子点火系统的检修

## 一、任务目标

**知识与技能：**

（1）正确理解掌握电子点火系统的构造与工作原理。

（2）熟悉电子点火系统电路分析方法。

（3）掌握电子点火系统部分零部件的拆装与调整。

（4）掌握电子点火系统的检测方法。

**过程与方法：**

（1）通过小组合作、讨论，培养学生团队协作能力。学会电子点火系统部分零部件的拆装与调整。

（2）通过直观的实践操作，激发学生学习的热情。

（3）通过利用多种形式的学习资源，引导学生自主学习，进而培养他们分析处理问题和主动学习的能力。

**情感态度价值观：**

（1）培养学生认真、严谨的学习态度。

（2）充分调动学生的能动性，发挥团队的协作作用。

（3）树立正确的学习观，养成良好的学习习惯，建立学习自信心。

## 二、任务描述

一辆丰田卡罗拉汽车发动机不能起动，初步检查，发现高压无火，判断点火系统有故障。对于车辆出现点火系统故障，该如何检修呢？

## 三、任务分析

要准确合理地检修点火系统故障，必须熟悉点火系统结构原理和具体的点火系统类型。丰田卡罗拉汽车采用电子点火系统与早期汽车采用的传统点火系统在结构上区别很大，因此必须清楚电子点火系统的控制原理和检修思路。

## 四、相关知识链接

- **电子点火系统的概述**

**1. 电子点火系统的基本组成**

电子点火系统又称晶体管点火系统，它的组成是在传统点火系统的基础上增加了点火信号发生器和点火控制模块，如图 4-8 所示。

**2. 电子点火系统的特点及工作原理**

完全取消了断电器的触点，利用电子开关代替断电器的触点，周期地接通或切断点火

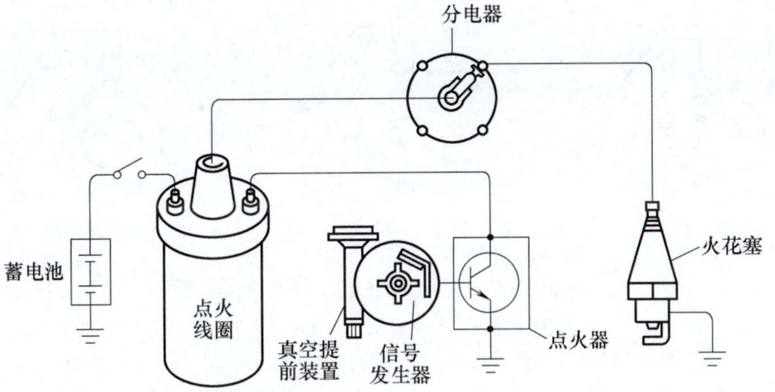


图 4-8　无触点式电子点火系统结构图

系统的初级电路；利用信号传感器代替断电器的凸轮，用先进的非接触式信号触发方式取代接触式机械触发方式。提高了次级电压和点火能量，改善了点火系统的稳定性，增加了点火正时的准确性。

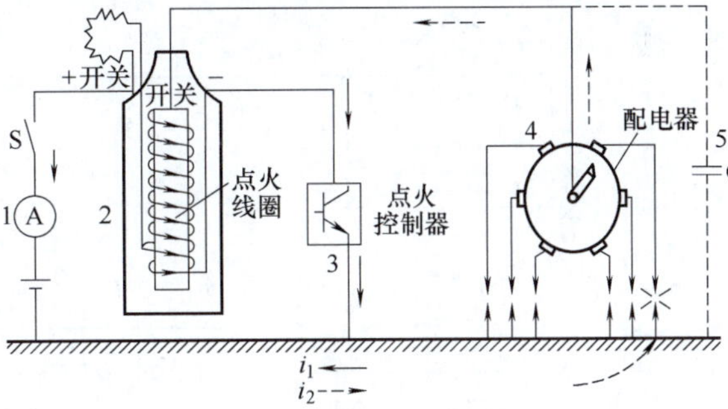


图 4-9　无触点电子点火系统工作过程

1、2—点火线圈　3—点火控制器　4—配电器　5—电容

无触点电子点火系统工作过程，如图 4-9 所示，大功率晶体三极管导通，初级电流增长。大功率晶体三极管截止，次级绕组中产生高压电。火花塞电极间隙被击穿，产生电火花，点燃混合气。

**3. 磁感应式电子点火系统**

（1）系统的组成及工作原理。磁感应式无触点电子点火系统也称磁脉冲式无触点电子点火系统，是用磁脉冲信号发生器（图 4-10）代替传统的断电器，当分电器旋转时，磁脉冲信号发生器产生信号电压，经脉冲信号放大器放大后，推动大功率管工作，控制点火线圈初级绕组电路的通、断，使次级绕组产生高压电，通过火花塞跳火点燃混合气。

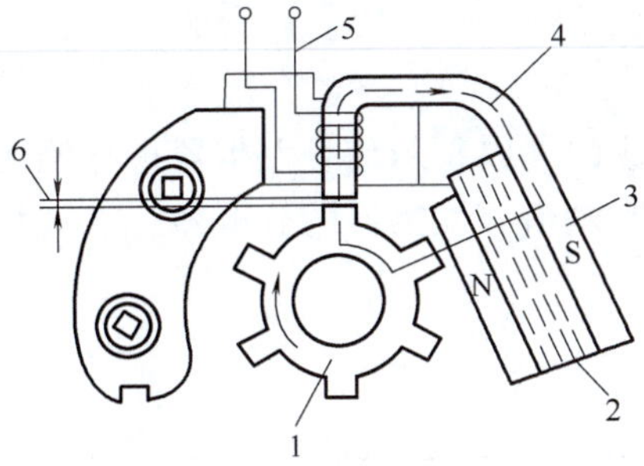


图 4-10　磁脉冲信号发生器的基本结构

1—信号转子　2—永久磁铁　3—铁芯　4—磁通　5—传感线圈　6—空气隙

永久磁铁的磁路是：永久磁铁 N 极—空气隙—信号转子—空气隙—铁芯（通过传感线圈）—永久磁铁 S 极。

（2）磁感应式点火信号发生器的工作原理，如图 4-11 所示。

（3）电子点火器的工作原理。如图 4-12 所示，点火器中有 5 个晶体管，$VT_1$ 是 NPN 型晶体管，只有当 $P$ 点电位高于 $A$ 点电位时 $VT_1$ 才导通，$VT_1$ 主要起温度补偿作用。$VT_2$ 为触发管，起信号检测作用。$VT_3$ 和 $VT_4$ 起放

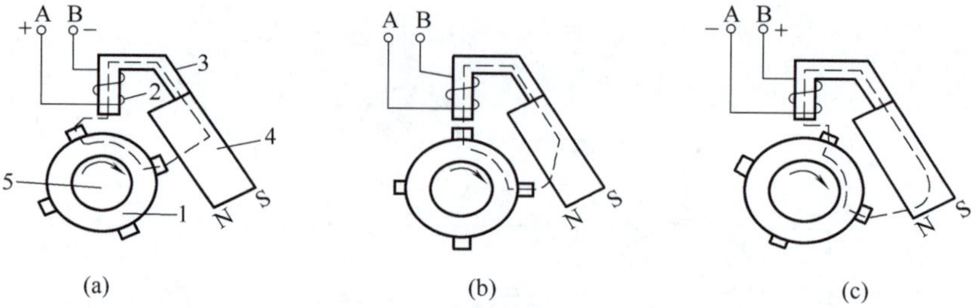


图 4-11　点火发生器的工作原理

（a）靠近　（b）对正　（c）离开

1—信号转子　2—传感线圈　3—衔铁　4—永久磁铁　5—分电器轴

大作用，将 $VT_2$ 的输出进行放大以驱动 $VT_5$。$VT_5$ 为大功率三极管，它与点火线圈的初级绕组串联，起传统点火系断电器触点的作用。

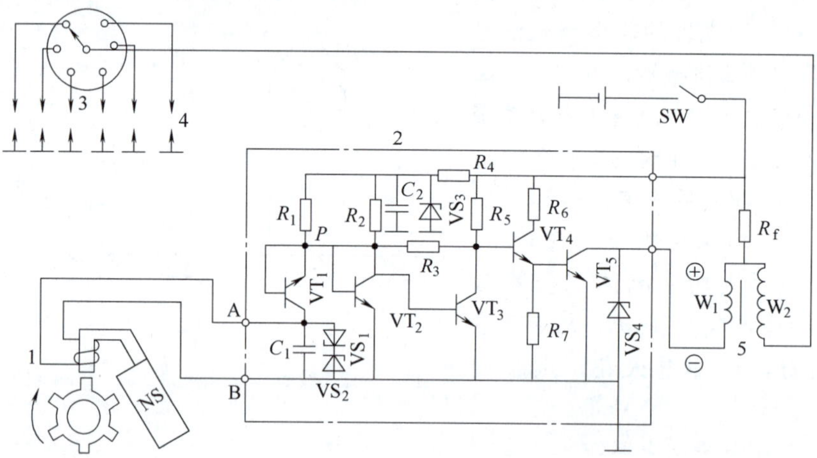


图 4-12　电子点火器的工作原理

1—点火信号发生器　2—电子点火器　3—分电器　4—火花塞　5—点火线圈

**4. 霍尔式电子点火系统**

当点火系统的信号发生器是应用霍尔效应原理制成的，以霍尔信号发生器进行触发的点火系统，称为霍尔效应式电子点火系统，它由内装霍尔信号发生器的分电器、点火控制器、点火线圈和火花塞组成，如图 4-13 所示。

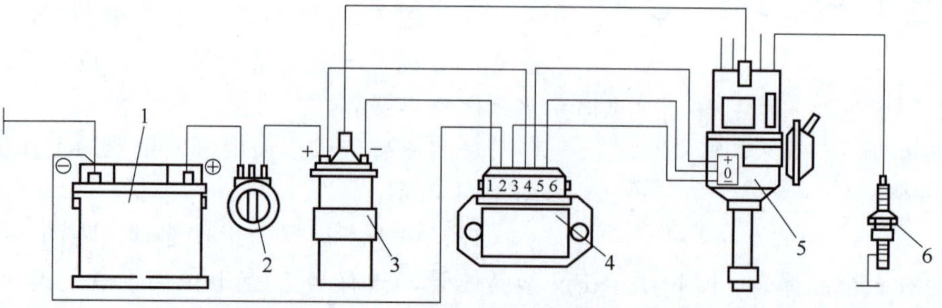


图 4-13　霍尔式电子点火系统结构图

1—蓄电池　2—点火开关　3—点火线圈　4—点火控制器　5—分电器　6—火花塞

（1）霍尔分电器。霍尔分电器主要由霍尔信号发生器、配电器、真空调节器、离心调节器等组成。

（2）霍尔信号发生器的工作原理，如图 4-14 所示。

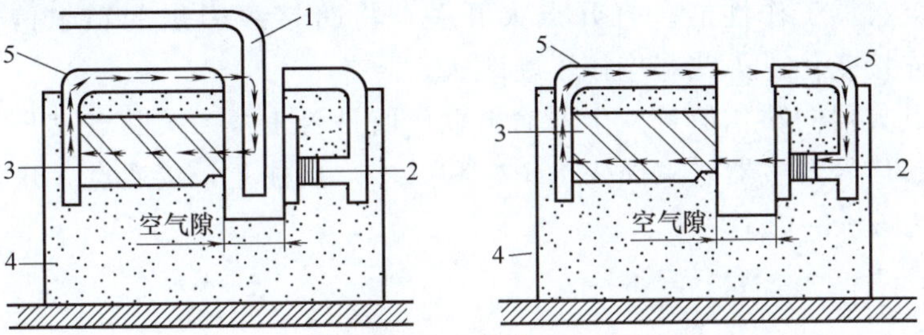


图 4-14　霍尔信号发生器工作原理

1—触发叶轮的叶片　2—霍尔集成块　3—永久磁铁　4—霍尔传感器　5—导板

当叶片进入永久磁铁与霍尔集成块之间的空气隙时，霍尔集成块中的磁场即被触发叶轮的叶片所旁路（或称隔磁），这时霍尔元件不产生霍尔电压，集成电路输出级的晶体管处于截止状态，信号发生器输出高电位。当触发叶轮的叶片离开永久磁铁与霍尔元件间的空气隙时，永久磁铁的磁通便通过霍尔集成块和导板构成回路，这时霍尔元件产生霍尔电压，集成电路输出级的晶体管处于导通状态，信号发生器输出低电位。

## 五、任务实施

### 1. 霍尔信号发生器的检查

测量信号发生器的输出电压。关断点火开关，打开分电器盖，拔出分电器盖上的中央高压线并搭铁，将电压表的两触针接在插接件信号输出线（0）和接地线（－）接柱上，然后按发动机转动方向转动曲轴，同时观察电压表上的读数，其值一般在 0～9V 之间变化。当分电器触发叶轮的叶片在空气隙时，其电压值为 2～9V；当触发叶轮的叶片不在空气隙时，其电压值为 0.3～0.4V。若电压不在 0～9V 之间变化，则应更换霍尔信号发生器，如图 4-15 所示。

### 2. 点火控制器的检查

点火控制器电路，如图 4-16 所示。

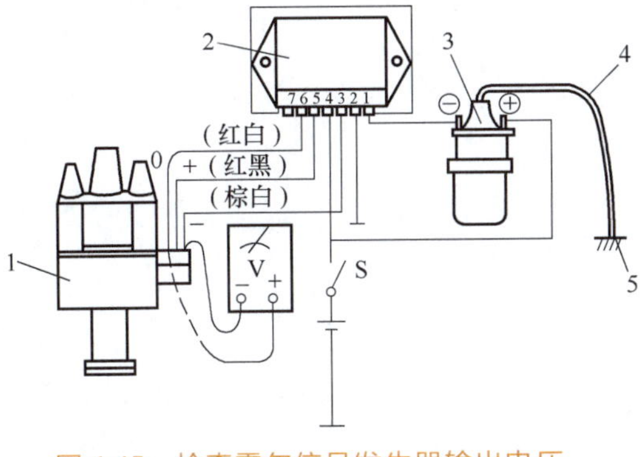


图 4-15　检查霍尔信号发生器输出电压

1—分电器　2—点火器　3—点火线圈

4—中央高压导线　5—发动机体

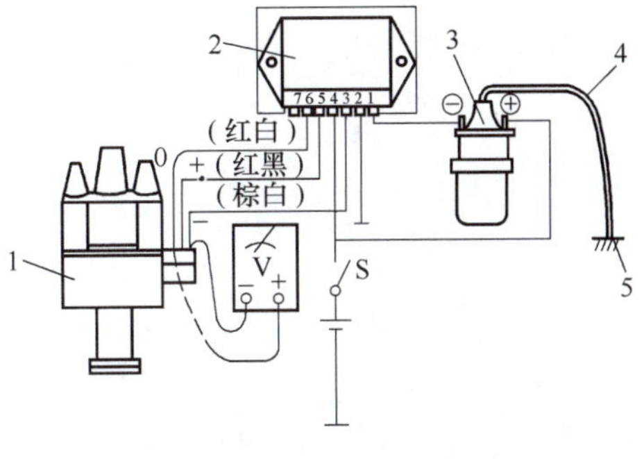


图 4-16　检查霍尔信号发生器输出电压

1—分电器　2—点火器　3—点火线圈

4—中央高压导线　5—发动机体

（1）确认点火器电源电路是否正常，关断点火开关，拔下点火器的插接件，利用万用表测量线束插头的 4 和 2 接柱之间电压。接通点火开关，电压表测得电压值应该约为蓄电池电压，否则应找出电源断路故障并予以排除。

（2）确认点火器工作性能。打开点火开关，将跨接线引出的霍尔信号线（红白线）“搭铁/断开”连接变化，火花塞应该不断跳火。

（3）确认点火器向霍尔信号发生器输出电压值是否正常。关断点火开关，将电压表的两触针接在霍尔信号发生器线束插头（+）和（-）接柱上，接通点火开关时，电压表测得的电压值应为 5～11V。

## 六、任务工单

**电子点火系统检测工单**

| 信息获取 | 车型 |
| --- | --- |
| 一、场地及设备初步检查(考前对场地安全和设备的检查及准备) | |
| (1)工量具检测准备 | 备注 |
| (2)仪器设备检查准备 | |
| (3)技术资料检查准备 | |
| (4)汽车停放位置检查 | |
| (5)放置车轮三角块 | |
| (6)连接尾气抽排管 | |
| (7)放置方向盘套和脚垫 | |
| (8)放置发动机及翼子板罩 | |
| (9)发动机机油、冷却液检查 | |
| (10)蓄电池状况检查 | |
| 二、故障诊断 | |
| 1. 记录检测步骤<br><br>2. 记录检测数据<br><br>3. 画出传感器波形 | |

# 任务三 微机点火系统的检修

## 一、任务目标

**知识与技能：**

(1) 理解微机控制点火系统的组成与工作原理。

(2) 熟悉微机点火系统电路分析方法。

(3) 掌握微机点火系统的检测方法。

**过程与方法：**

(1) 通过小组合作、讨论，培养学生团队协作能力。学会微机点火系统部分零部件的拆装与调整。

(2) 通过直观的实践操作，激发学生学习的热情。

(3) 通过利用多种形式的学习资源，引导学生自主学习，进而培养学生分析处理问题和主动学习的能力。

**情感态度价值观：**

(1) 培养学生认真、严谨的学习态度。

(2) 充分调动学生的能动性，发挥团队的协作作用。

(3) 树立正确的学习观，养成良好的学习习惯，建立学习自信心。

## 二、任务描述

丰田卡罗拉汽车发动机急加速时耸车，尤其是转速在2000r/min以下时最明显，若超过2000r/min后不再耸车，加速良好，一切正常。车主说此车曾冒黑烟，换过氧传感器和火花塞后，故障排除。但行驶几天后，依然明显感到耸车。

## 三、任务分析

车辆维修中，高压线漏电的故障特别多，主要表现就是耸车，尤其在3挡以后。若车辆由怠速转而产生耸车现象，而转速超过2000r/min就不耸车，基本上可以判定点火系统有故障，在检查时直观就可以看出火花塞和高压线是否漏电。如何对微机点火系统检修是本任务学习的重点。

## 四、相关知识链接

### （一）微机控制点火系统的功能

丰田汽车发动机微机控制系统，常称为TCCS系统，该系统除控制点火外，还对燃油喷射、怠速、自动变速等进行控制，此外还具有故障保险、设备功能以及自诊断功能等。

## （二）微机控制点火系统的组成

### 1. 有分电器微机点火系统组成

有分电器微机控制点火系统，其主要作用是控制点火提前角，称为 ESA 系统，系统工作时，电子控制器根据传感器输入的发动机工作信息，经过计算、处理、判断，输出控制信号到点火器，适时控制点火器中功率三极管的导通和截止，进而控制初级电流的通断，达到点火的目的。该系统为非直接点火系统，保留了分电器中的配电器，点火线圈产生的高压电，经配电器送至各缸火花塞。有分电器微机点火系统的组成如图 4-17 所示。

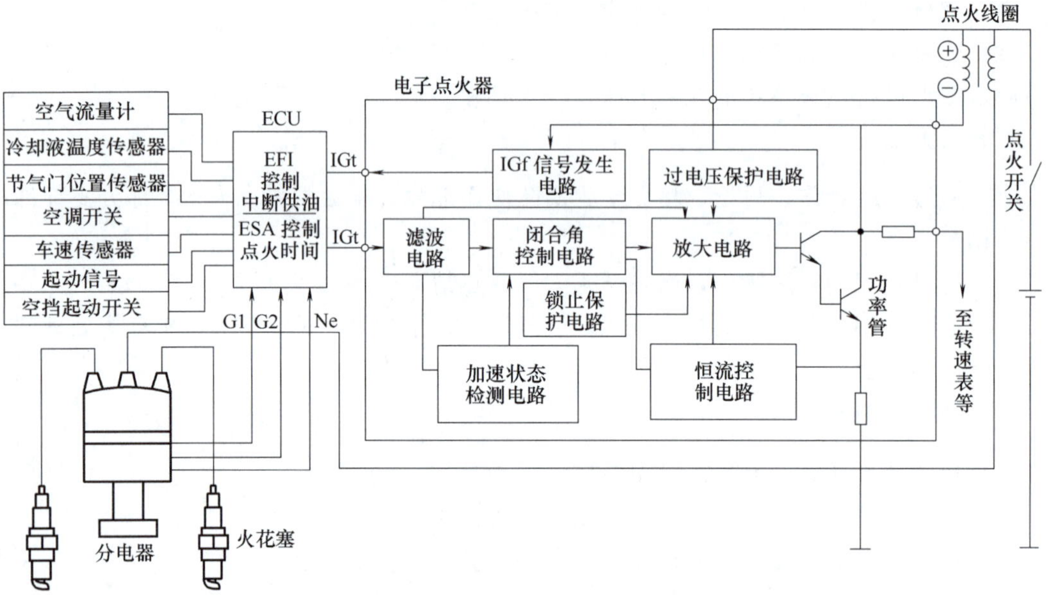


图 4-17　有分电器微机点火系统组成

### 2. 无分电器微机点火系统组成

无分电器微机点火系统由低压电源、点火开关、发动机控制器 ECU、点火控制器、点火线圈、分电器、火花塞、高压线和各种传感器等组成，如图 4-18 所示。无分电器微

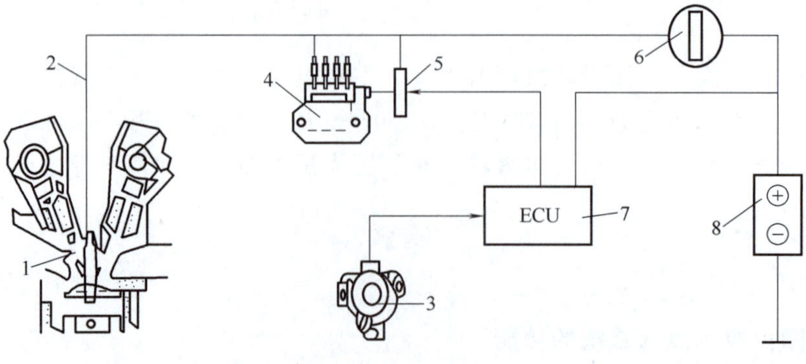


图 4-18　无分电器微机点火系统组成

1—火花塞　2—高压线　3—传感器　4—点火线圈　5—点火控制器
6—点火开关　7—控制单元（ECU）　8—蓄电池

机控制点火系统即微机控制直接点火系统，简称 DIS（Direct Ignition System）。在 DIS 中，由于没有传统的分电器，各缸的火花塞直接与点火线圈次级绕组相连。在微机的控制下，各次级绕组产生的高电压直接加到各缸的火花塞上，依照发动机的点火顺序，控制各缸火花塞点火。

### （三）微机控制点火系统的工作原理

#### 1. 有分电器微机控制点火系统的工作原理

（1）火花塞电火花的产生，如图 4-19 所示。

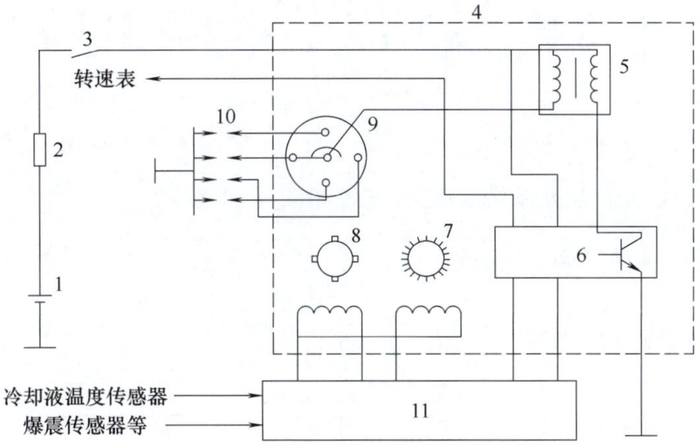


图 4-19 火花塞电火花的产生

1—蓄电池 2—熔断器 3—点火开关 4—分电器 5—点火线圈 6—点火控制器 7—曲轴转速传感器 8—曲轴位置传感器 9—配电器 10—火花塞 11—控制单元（ECU）

（2）点火提前角的控制。微机控制点火系统的点火提前角由三部分组成：初始点火提前角、基本点火提前角和修正点火提前角。

初始点火提前角是指曲轴位置传感器在发动机上固定后，由曲轴位置传感器的信号转子和曲轴的相对位置决定的点火提前角。

基本点火提前角是指在初始点火提前角的基础上，微机控制单元根据发动机转速和负荷（进气管压力或空气流量）大小自动使点火提前角进一步增大，点火提前角增大的部分就是基本点火提前角。

修正点火提前角是指微机控制单元根据发动机冷却水温度、节气门开度、爆震传感器信号、氧传感器信号等参数确定出的点火提前角修正量。

#### 2. 无分电器微机控制点火系统的工作原理

无分电器点火系统目前常采用以下两种点火方式：

一是同时点火式，是指两个气缸合用一个点火线圈，即一个点火线圈有两个高压输出端，分别与火花塞相连，负责对两个气缸点火。

二是独立点火式，是指每个气缸的火花塞上配用一个点火线圈，单独对本缸进行点火。

（1）同时点火式电子点火系统

同时点火式是利用一个点火线圈对活塞接近压缩上止点和排气上止点的两个气缸同时

进行点火的高压配电方法。同时点火式点火系统按照高压配电方式不同，可分为点火线圈分配式和二极管分配式两大类，前者应用更广泛，其配线方式如图 4-20 所示。

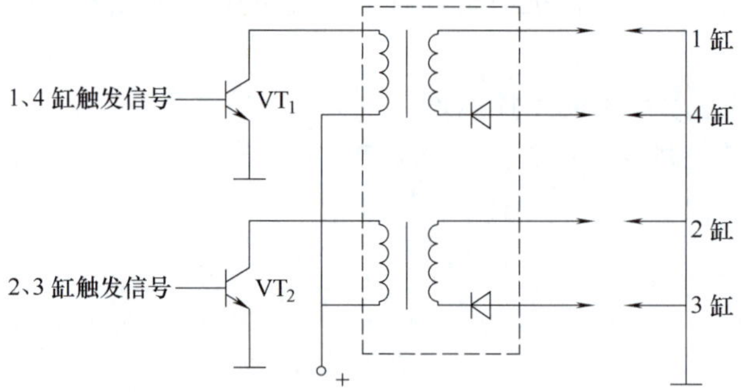


图 4-20　点火线圈分配式的配线方式

（2）独立点火式电子点火系统。配线方式如图 4-21 所示。

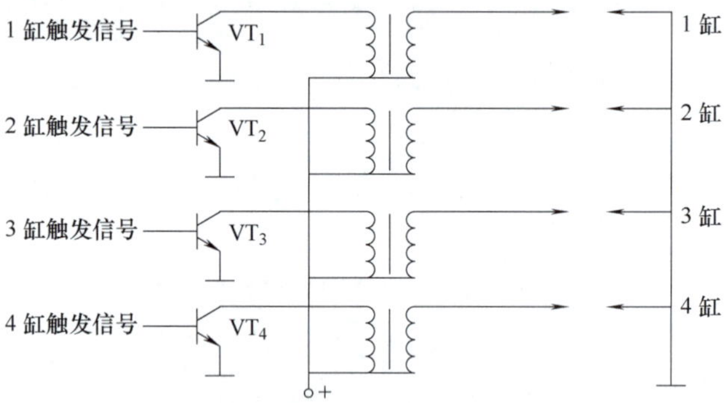


图 4-21　独立点火式的配线方式

## 五、任务实施

**1. 微机控制单元点火控制信号 IGt 和监视信号处理电路的检查**

由起动机带动发动机运转或怠速运行，用示波器或直流电压表检查微机控制单元的 IGt 端子与 E1 端子之间的电压，标准脉冲电压平均值为 0.5～1.0V。

拔出点火控制器与微机控制单元之间的插接件，将点火开关接通，用直流电压表检查微机控制单元的 IGf 端子与 E1 端子之间的电压，正常值为 4.5～5.0V，如图 4-22 所示，图中横轴表示时间，纵轴表示电压。

在进行检查时，必须确保微机控制单元的搭铁端子 E1 与发动机机体之间搭铁良好。

**2. 点火控制器的检查**

将点火开关接通，用直流电压表检查微机控制单元的 IGf 端子与 El 端子之间的电压，正常值约为 1.0V。

由起动机带动发动机运转或怠速运行，用示波器或直流电压表检查微机控制单元的 IGf 端子与 E1 端子之间的电压，标准脉冲电压平均值约为 0.5V，如图 4-23 所示。

**3. 曲轴位置传感器（G 信号）与转速传感器（Ne）的检查**

Ne 信号是曲轴转角及发动机转速信号。Ne 信号装置主要由信号转子、传感线圈组

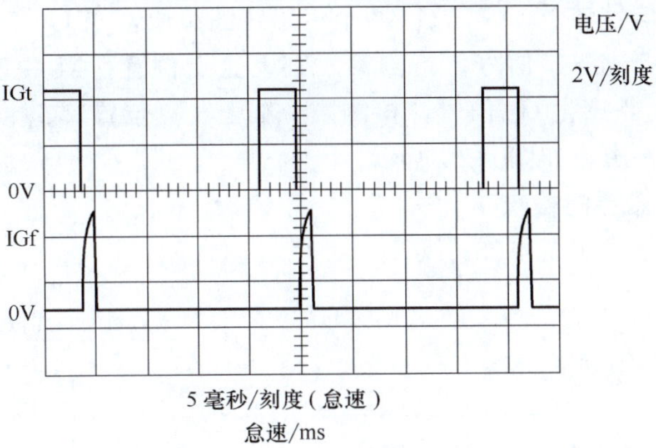


图 4-22 丰田卡罗拉汽车发动机点火控制信号和监视信号波形

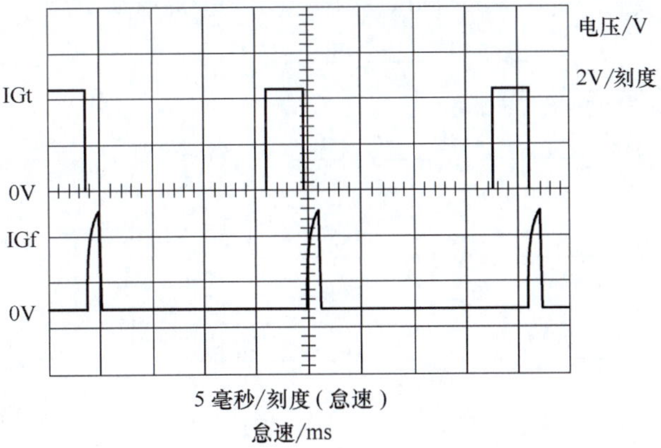


图 4-23 微机控制单元电压

成，当信号转子（固定在分电器轴上）随曲轴转动时，轮齿与传感线圈凸缘部的空气隙交替变化，导致传感线圈内磁通变化而产生交变电动势信号 Ne，因有 24 个轮齿，每个交变信号相当于 30°曲轴转角，由此计算出发动机转速。

G 信号是测试曲轴转角的基准信号，用来判别气缸及检测活塞上止点的位置。G 信号

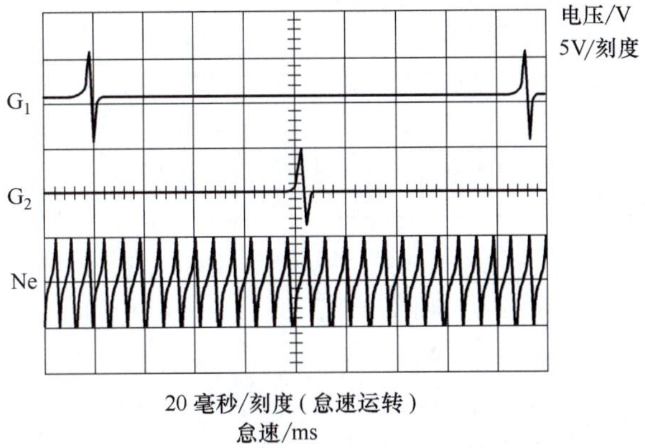


图 4-24 曲轴位置传感器检测波形

发生器由带有凸缘的信号转子、$G_1$、$G_2$ 两个传感线圈组成，当 G 信号转子上的凸缘通过 $G_1$ 传感线圈凸缘时，产生 $G_1$ 信号，检测第六缸上止点位置；当 G 信号转子上的凸缘通过 $G_2$ 传感线圈凸缘时，产生 $G_2$ 信号，检测第一缸上止点位置。$G_1$、$G_2$ 相差 180°，分电器转一圈，分别出现一次，如图 4-24 所示。

**4. 节气门位置传感器的检查**

节气门位置传感器，如图 4-25 所示。

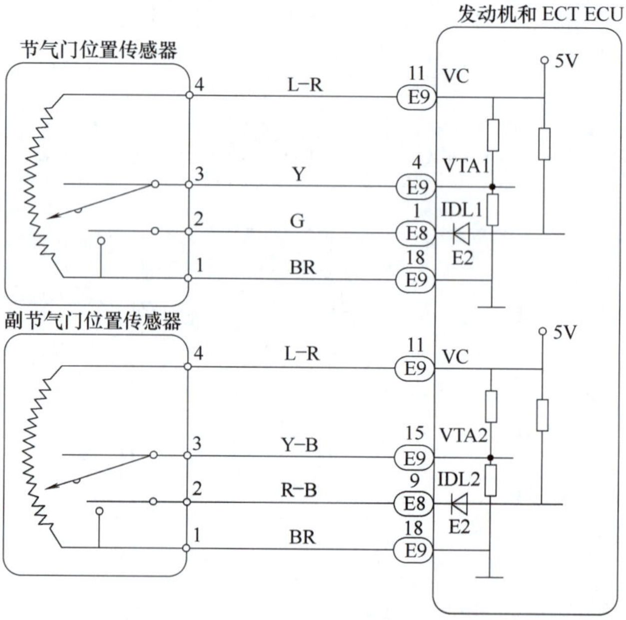


图 4-25　节气门位置传感器的检查

## 六、任务工单

微机点火系统检测工单

| | |
|---|---|
| 信息获取 | 车型 |
| 一、场地及设备初步检查（考前对场地安全和设备的检查及准备） | |
| （1）工量具检测准备 | 备注 |
| （2）仪器设备检查准备 | |
| （3）技术资料检查准备 | |
| （4）汽车停放位置检查 | |
| （5）放置车轮三角块 | |
| （6）连接尾气抽排管 | |
| （7）放置方向盘套和脚垫 | |
| （8）放置发动机及翼子板罩 | |
| （9）发动机机油、冷却液检查 | |
| （10）蓄电池状况检查 | |

续表

| 二、故障诊断 |
|---|
| 1. 记录检测步骤<br><br><br><br>2. 记录检测数据<br><br><br><br>3. 画出传感器波形<br><br><br><br> |

# 项目五

# 汽车照明和信号系统检修

## 任务一　照明系统的检修

教学课件

前照灯结构认知

### 一、任务目标

**知识与技能：**

（1）熟悉丰田汽车前照灯电路分析方法。

（2）掌握汽车前照灯电路线路连接方法。

（3）掌握汽车前照灯电路的检测方法。

**过程与方法：**

（1）通过小组合作、讨论，培养学生团队协作能力，掌握汽车前照灯电路的连接方法。

（2）通过直观的实践操作，激发学生学习的热情。

（3）通过利用多种形式的学习资源，引导学生自主学习，进而培养他们分析处理问题和主动学习的能力。

**情感态度价值观：**

（1）培养学生认真、严谨的学习态度。

（2）充分调动学生的能动性，发挥团队的协作作用。

（3）树立正确的学习观，养成良好的学习习惯，建立学习自信心。

### 二、任务描述

车主反映其驾驶的丰田卡罗拉汽车的左前照灯再切换至远光时不能正常点亮，经维修人员检查，初步认定为该前照灯远光灯泡可能损坏，请按规定对前照灯系统进行检修。

### 三、任务分析

汽车前照灯是汽车照明系统中最典型的线路，对汽车照明系统的了解可从前照灯线路入手。首先需要学会分析汽车前照灯电路，然后根据电路图开始线路的连接及检测。前照灯线路检测任务为大灯灯泡好坏判断，远、近灯光供电线及搭铁线检测，大灯继电器检测，远、近光控制线检测，大灯开关及变光开关检测。在任务实施的过程中，需要对前照灯相关元器件进行拆装。

## 四、相关知识链接

### （一）汽车照明系统的作用和基本组成

为了保证汽车在无光或微光的条件下方便、安全和舒适地行驶，在汽车上设置了多种照明装置，它已成为汽车上不可缺少的一部分。现代汽车的照明装置除了照明功能外，还注重于美观与智能化的发展。

汽车照明装置根据安装位置和用途不同，一般可分为外部照明装置和内部照明装置。外部照明装置包括前照灯（大灯）、前雾灯、倒车灯（夜间照明）及牌照灯；内部照明装置包括顶灯、阅读灯、仪表与控制按钮照明灯和行李箱照明灯等。

**1. 前照灯**

安装在汽车头部的两侧，用于夜间行车照明前方路面和环境，保障汽车全天候安全行驶。灯光为白色，功率一般为 40～60W。

**2. 雾灯**

雾灯有前雾灯和后雾灯两种。前雾灯安装于汽车前部比前照灯稍低的前保险杠下方，用于在雨雾天气行车时道路的照明。前雾灯灯光为黄色，具有较强的穿透性。为保证雨雾天气汽车向后方车辆或行人提供本车位置信息，交通管理部门规定，行驶车辆应在车辆后部加装功率较大的后雾灯，以降低交通事故发生率。后雾灯的灯光为红色。

**3. 牌照灯**

牌照灯装于汽车尾部的牌照上方，用于夜间照亮汽车牌照。

**4. 仪表灯**

仪表灯装在汽车仪表板上，用于仪表照明，以便于驾驶员获取行车信息和进行正确操作，其数量根据仪表设计布置而定。

**5. 顶灯**

顶灯装于驾驶室或车厢顶部，用于车内照明。

**6. 其他辅助灯**

为了便于夜间检修，设有工作灯，用于在排除汽车故障或检修时提供照明。车上一般只装工作灯插座，配带有导线的移动式灯具。有的在发动机罩下面还装有发动机罩灯，其功用与工作灯相同。

### （二）丰田卡罗拉汽车前照灯电路分析

丰田卡罗拉汽车前照灯电路如图 5-1 所示。前照灯电路核心部件为前照灯继电器，前照灯继电器将前照灯电路分为主电路和控制电路两部分。主电路：蓄电池→前照灯继电器线圈→前照灯开关→搭铁，前照灯开关未在此电路图中显示。控制电路：蓄电池→前照灯继电器触点→前照灯→搭铁。前照灯灯罩内还有一个 LED 灯为日间行车灯，白天打开前照灯开关此灯点亮，晚上熄灭。

### （三）丰田卡罗拉汽车雾灯电路分析

丰田卡罗拉汽车雾灯电路如图 5-2 所示。从图 5-2 可以看出，雾灯电路与尾灯电路基本原理相似，也分为控制电路与主电路两部分。只是雾灯电路中有两个继电器，一个是尾灯继电器，一个是雾灯继电器。雾灯继电器正常工作，需要尾灯继电器的触点闭合，因此雾灯点亮的前提是尾灯打开。

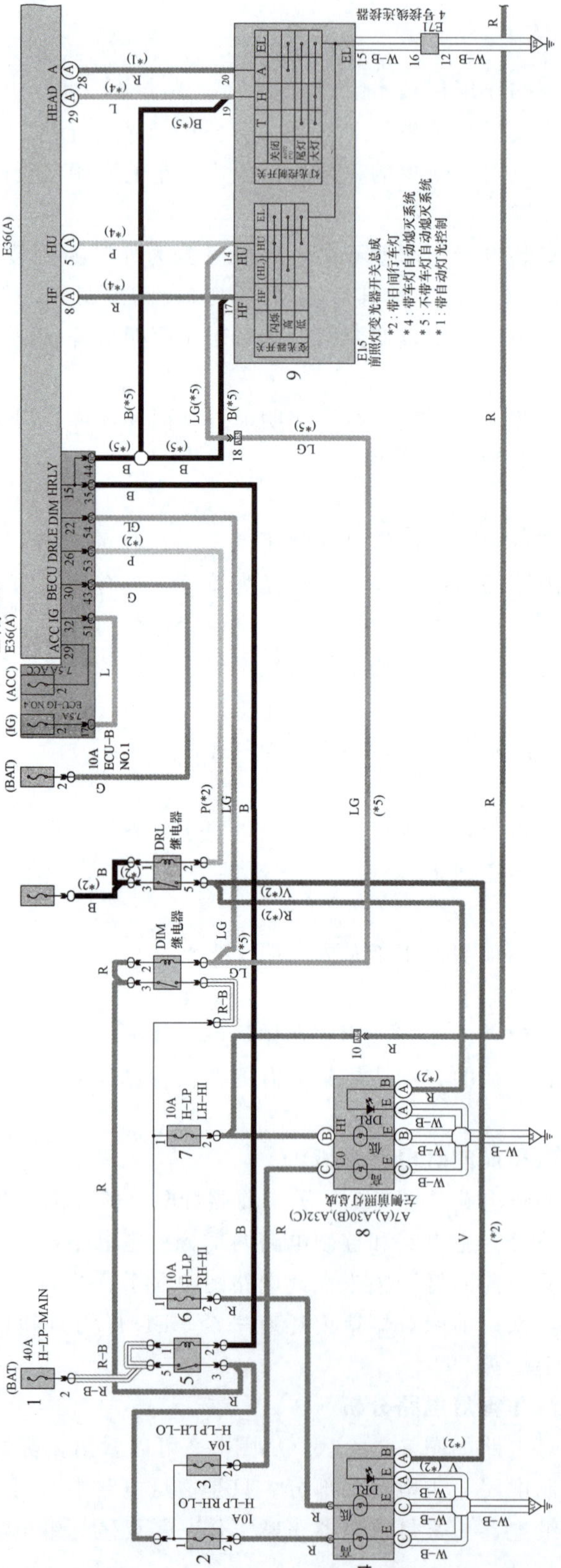


图 5-1　丰田卡罗拉汽车前照灯电路

1—灯光保险丝　2—右侧近光灯保险丝　3—左侧近光灯保险丝　4—右侧前照灯总成　5—灯光继电器
6—右侧远光灯保险丝　7—左侧远光灯保险丝　8—左侧前照灯总成　9—前照灯变光器总成

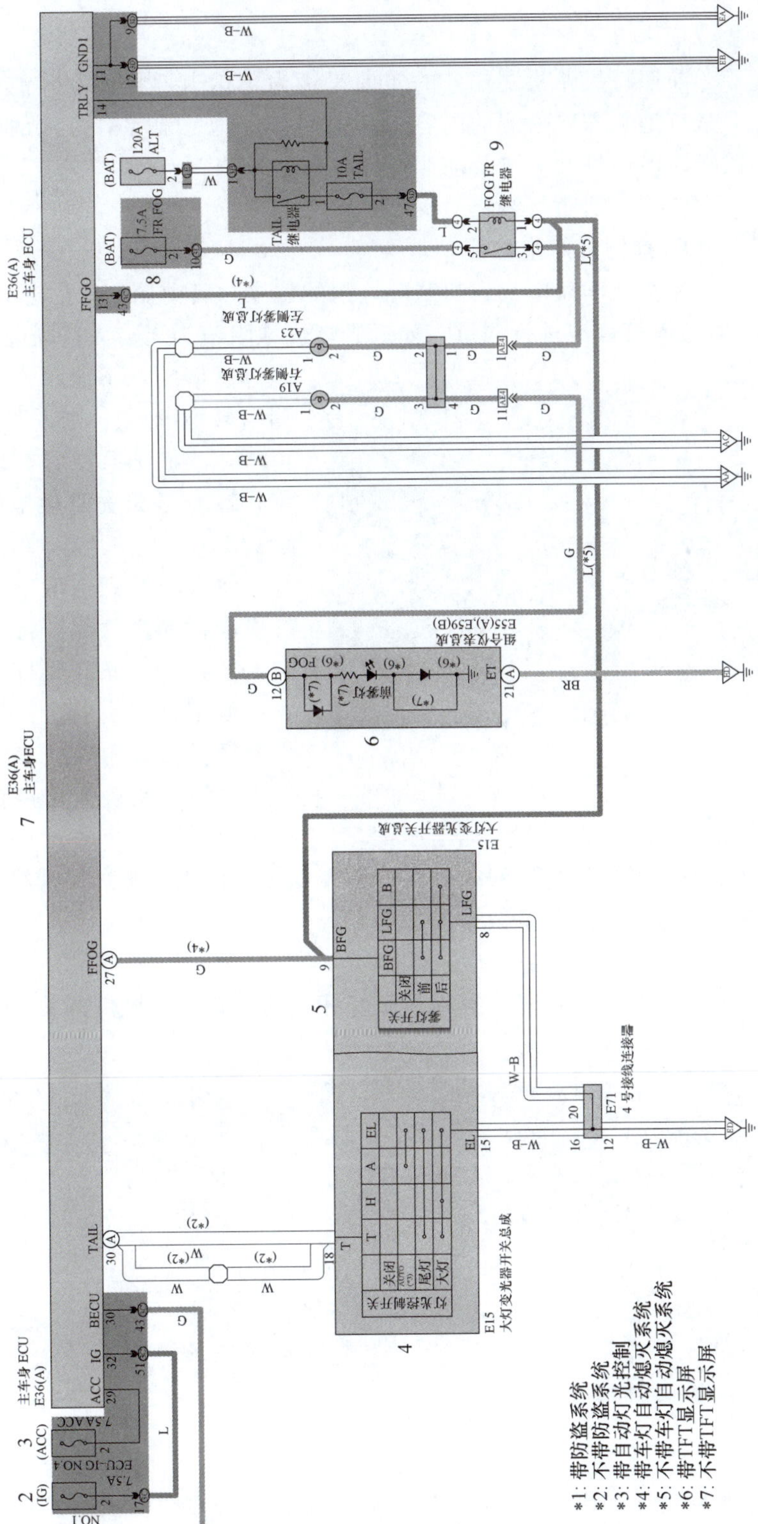


图 5-2 丰田卡罗拉汽车雾灯电路

1—12V 电源 2—IG 电源 3—ACC 电源 4—灯光控制器 5—雾灯开关 6—组合仪表总成 7—汽车电脑 8—雾灯保险 9—雾灯继电器

教学课件

前照灯线路连接与检测

## 五、任务实施

前照灯线路检测任务的实训车辆为丰田卡罗拉汽车，前照灯采用的卤素灯泡，需要检测的内容包括前照灯灯泡、前照灯灯泡的供电线与搭铁线、前照灯开关以及前照灯继电器的检测。

### （一）前照灯线路检测

**1. 前照灯灯泡检测**

在实训车辆中找到前照灯灯泡的位置，将前照灯中的近光灯取出来，使用万用表电阻挡对近光灯灯泡进行测量。如近光灯灯泡阻值为无穷大，则说明近光灯灯泡灯丝熔断，不能正常点亮。当检测结果小于1Ω，则说明近光灯灯泡正常，测量结果如图 5-3 所示。

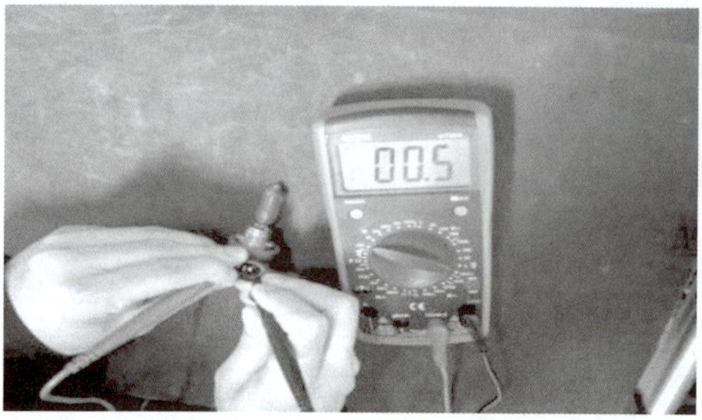


图 5-3　近光灯灯泡检测结果

**2. 远、近光灯供电线与搭铁线检测**

将近光灯灯泡取下，找到近光灯供电线和搭铁线。将点火开关打到 ON 挡，灯光开关打到近光灯位置，使用万用表电压挡检测近光灯供电线，将万用表红表笔插入近光灯供电线，黑表笔短接在蓄电池负极或车身搭铁点，测量数据应接近蓄电池电压 12V。

使用万用表电压挡检测近光灯搭铁线，将万用表红表笔插入近光灯搭铁线，黑表笔短接在蓄电池负极或车身搭铁点，测量数据应接近 0V。

**3. 前照灯开关检测**

通过查询丰田卡罗拉汽车电路图，找到前照灯开关的位置。前照灯开关实物图，如下图 5-4 所示。

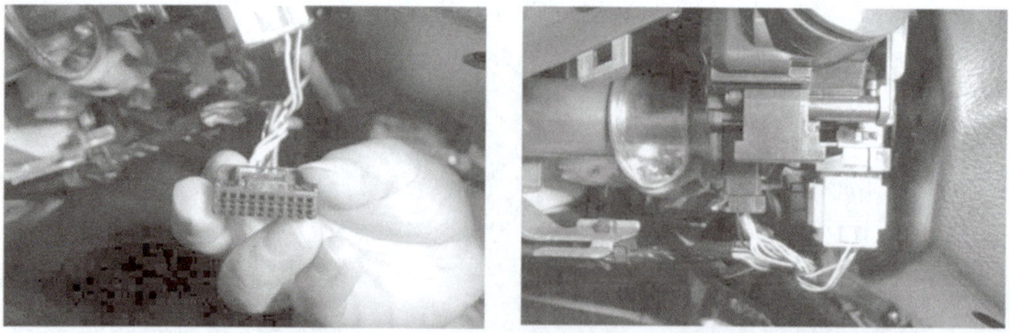

图 5-4　丰田前照灯开关实物图

前照灯开关控制原理图如图 5-5 所示，前照灯开关针脚分布图，如图 5-6 所示。

通过图 5-5 可以得知，在近光灯位置时，前照灯开关针脚的 15 号与 19 号端子接通。使用万用表电阻挡对前照灯开关进行检测，测量结果应小于 1Ω 为正常。

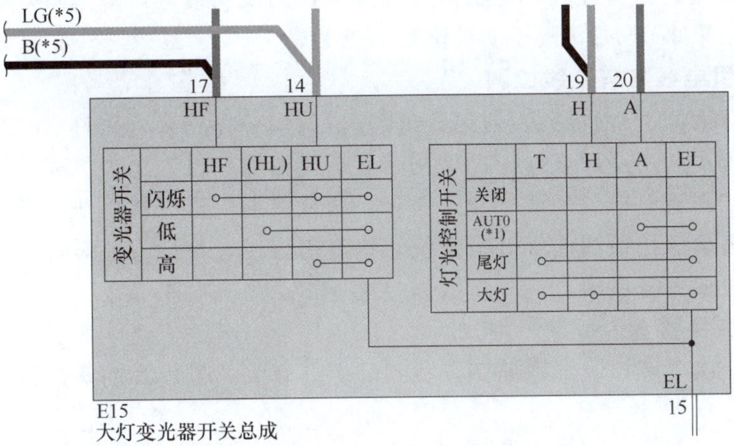


图 5-5 前照灯开关控制原理图

**4. 前照灯继电器检测**

前照灯继电器端子如图 5-7 所示。使用万用表电阻挡对前照灯继电器线圈端 1、2 号端子电阻值进行检测，测量值应符合继电器电阻值的要求（可查阅相关维修手册）。前照灯继电器触点端检测，应使用外接导线短接在前大灯继电器线圈端，在通电的情况下，使用万用表电阻挡测量触点端 3、5 号端子的电阻值，测量值应小于 1Ω 为正常。

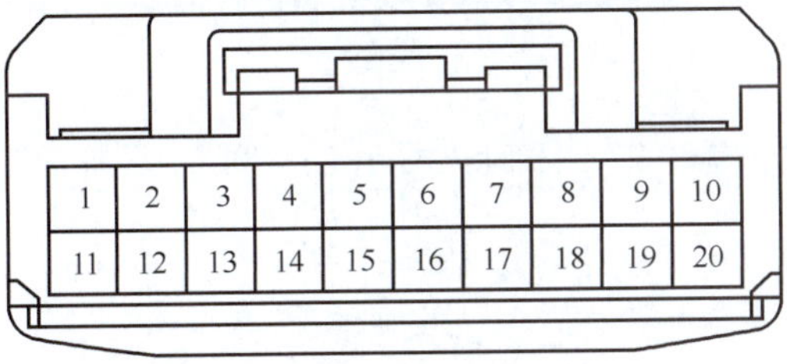


图 5-6 前照灯开关针脚分布图

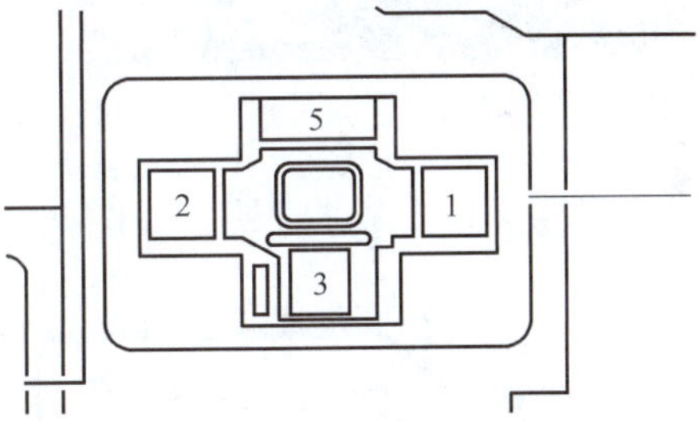


图 5-7 前照灯继电器端子图

**5. 前照灯继电器控制线检测**

使用万用表电压挡对前照灯继电器线圈端和触点端的供电进行检测，分别将万用表红表笔插入 1 号与 5 号端子，黑表笔短接在蓄电池负极或车身搭铁点，测量的数据应接近蓄电池的电压 12V。

使用万用表电压挡对前照灯继电器线圈端搭铁线进行检测，将万用表红表笔插入 2 号端子，黑表笔短接在蓄电池负极或车身搭铁点，测量数据应接近于 0V。

教学课件

前雾灯线路检测

**（二）前雾灯线路检测**

前雾灯线路检测的任务的实训车辆为丰田卡罗拉，需要检测的内容包括前雾灯灯泡、前雾灯灯泡的供电线与搭铁线、前雾灯开关以及前雾灯继电器的检测。

**1. 前雾灯灯泡检测**

在实训车辆中找到前雾灯灯泡的位置，将前雾灯灯泡取出来，使用万用表电阻挡对前雾灯灯泡进行测量。如前雾灯灯泡阻值为无穷大，则说明前雾灯灯泡灯丝熔断，不能正常点亮。当检测结果小于 1Ω，则说明前雾灯灯泡正常。

**2. 前雾灯供电线与搭铁线检测**

将前雾灯灯泡取下，找到前雾灯供电线和搭铁线。将点火开关打到 ON 挡，灯光开关打到前雾灯位置，使用万用表电压挡检测前雾灯供电线，将万用表红表笔插入近光灯供电线，黑表笔短接在蓄电池负极或车身搭铁点，测量数据应接近蓄电池电压 12V。

使用万用表电压挡检测前雾灯搭铁线，将万用表红表笔插入前雾灯搭铁线，黑表笔短接在蓄电池负极或车身搭铁点，测量数据应接近 0V。

**3. 前雾灯开关检测**

通过查询丰田卡罗拉汽车电路图，找到前雾灯开关的位置。前雾灯开关实物图，如图 5-8 所示。

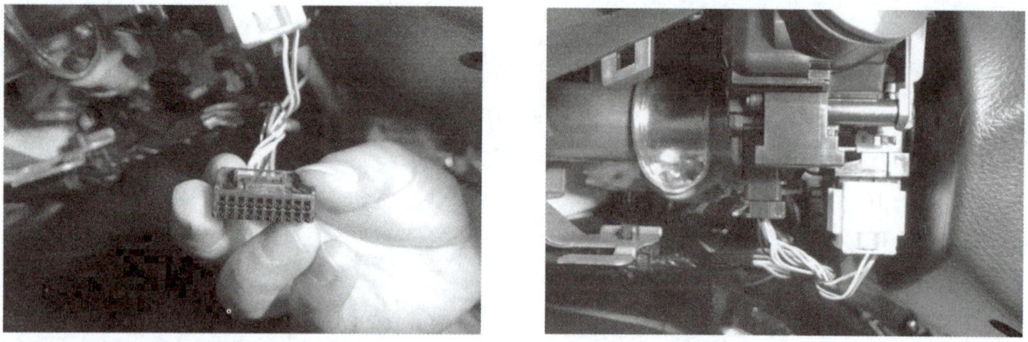

图 5-8　前雾灯开关实物图

前雾灯开关控制原理图，如图 5-9 所示，前雾灯开关针脚分布图，如图 5-10 所示。

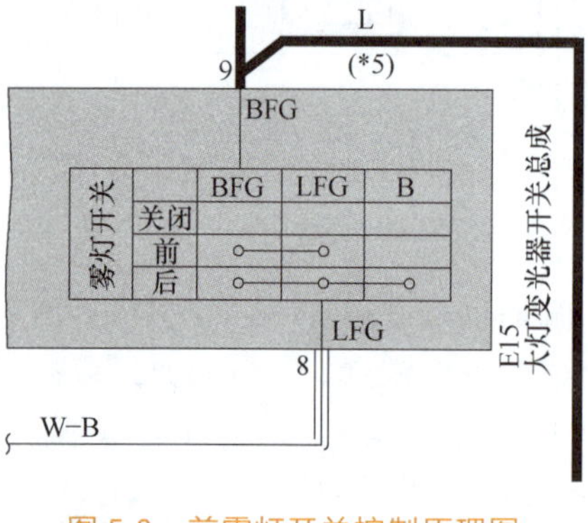


图 5-9　前雾灯开关控制原理图

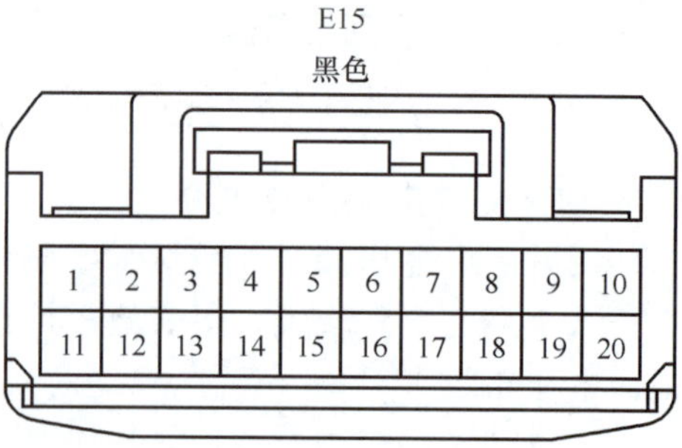


图 5-10　前大灯开关针脚分布图

通过图 5-10 可以得知，在前雾灯位置时，前雾灯开关针脚的 8 号与 9 号端子接通。使用万用表电阻挡对前雾灯开关进行检测，测量结果应小于 1Ω 为正常。

**4. 前雾灯继电器检测**

前雾灯继电器端子如图 5-11 所示。使用万用表电阻挡对前雾灯继电器线圈端 1、2 号端子电阻值进行检测，测量值应符合继电器电阻值的要求（可查阅相关维修手册）。前雾灯继电器触点端检测，应使用外接导线短接在前雾灯继电器线圈端，在通电的情况下，使用万用表电阻挡测量触点端 3、5 号端子的电阻值，测量值应小于 1Ω 为正常。

**5. 前雾灯继电器控制线检测**

使用万用表电压挡对前雾灯继电器线圈端和触点端的供电进行检测，分别将万用表红表笔插入 1 号与 5 号端子，黑表笔短接在蓄电池负极或车身搭铁点，测量的数据应接近蓄电池的电压 12V。

使用万用表电压挡对前雾灯继电器线圈端搭铁线进行检测，将万用表红表笔插入 2 号端子，黑表笔短接在蓄电池负极或车身搭铁点，测量数据应接近于 0V。

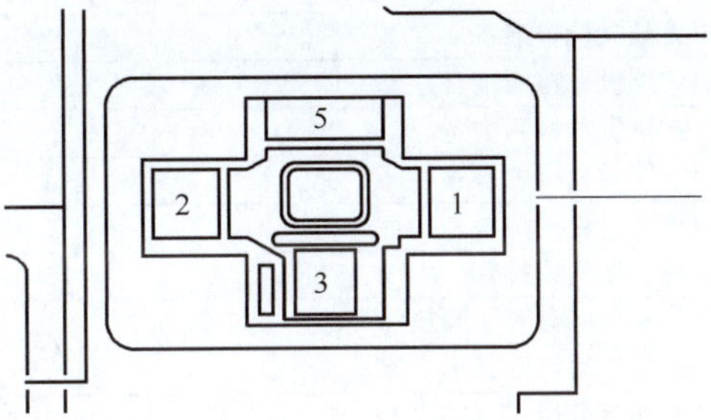


图 5-11　前雾灯继电器端子图

## 六、任务工单

**前大灯线路检测操作工单**

| 一、场地及设备初步检查(考前对场地安全和设备的检查及准备) | |
|---|---|
| (1)工量具检查准备　(2)仪器设备检测准备 | 备注 |
| (3)技术资料检测准备　(4)汽车停放位置检查 | |
| (5)放置车轮三角块　(6)连接尾气抽排管 | |
| (7)放置方向盘套和脚垫　(8)放置发动机及翼子板罩 | |
| (9)发动机机油、冷却液检查　(10)蓄电池状况检查 | |

二、操作过程

1. 远、近光灯泡检测

(1)目测远、近光灯泡是否损坏：

正常 □　　不正常 □

(2)用万用表检测远、近光灯泡，测量值：__________

正常 □　　不正常 □

2. 测量远、近光灯泡供电线，测量值：__________

正常 □　　不正常 □

3. 测量远、近光灯泡搭铁线，测量值：__________

正常 □　　不正常 □

4. 测量大灯开关及变光开关，测量值(请标注端子号)：__________

正常 □　　不正常 □

5. 大灯继电器检测

(1)测量继电器线圈电阻值(请标注端子号)：__________

正常 □　　不正常 □

(2)继电器线圈通电后，测量触点端导通性，测量值(请标注端子号)：__________

正常 □　　不正常 □

6. 继电器控制线检测

(1)测量继电器线圈供电，测量值(请标注端号)：__________

正常 □　　不正常 □

(2)测量继电器触点端供电，测量值(请标注端子号)：__________

正常 □　　不正常 □

(3)测量继电器线圈搭铁控制线，测量值(请标注端子号)：__________

正常 □　　不正常 □

## 前雾灯线路检测操作工单

| 一、场地及设备初步检查(考前对场地安全和设备的检查及准备) | |
|---|---|
| (1)工量具检查准备 | 备注 |
| (2)仪器设备检测准备 | |
| (3)技术资料检测准备 | |
| (4)汽车停放位置检查 | |
| (5)放置车轮三角块 | |
| (6)连接尾气抽排管 | |
| (7)放置方向盘套和脚垫 | |
| (8)放置发动机及翼子板罩 | |
| (9)发动机机油、冷却液检查 | |
| (10)蓄电池状况检查 | |
| 二、操作过程 | |

1. 雾灯灯泡检测

(1)目测雾灯泡是否损坏。

正常 □　　不正常 □

(2)用万用表检测雾灯灯泡,测量值:____________

正常 □　　不正常 □

2. 测量雾灯灯泡供电线,测量值:____________

正常 □　　不正常 □

3. 测量雾灯灯泡泡搭铁线,测量值:____________

正常 □　　不正常 □

4. 测量雾灯开关及小光开关,测量值(请标注端子号):____________

正常 □　　不正常 □

5. 前雾灯继电器检测

(1)测量继电器线圈电阻值(请标注端子号):____________

正常 □　　不正常 □

(2)继电器线圈通电后,测量触点端导通性,测量值(请标注端子号):____________

正常 □　　不正常 □

6. 继电器控制线检测

(1)测量继电器线圈供电,测量值(请标注端号):____________

正常 □　　不正常 □

(2)测量继电器触点端供电,测量值(请标注端子号):____________

正常 □　　不正常 □

(3)测量继电器线圈搭铁控制线,测量值(请标注端子号):____________

正常 □　　不正常 □

# 任务二　信号系统的检修

教学课件

信号系统的检修

## 一、任务目标

### 知识与技能:

(1) 熟悉丰田汽车信号系统分析方法。

(2) 掌握汽车转向灯电路线路连接方法。

(3) 掌握汽车信号系统电路的检测方法。

### 过程与方法:

(1) 通过小组合作、讨论,培养学生团队协作能力。学会连接汽车转向灯电路。

(2) 通过直观的实践操作，激发学生学习的热情。

(3) 通过利用多种形式的学习资源，引导学生自主学习，进而培养学生分析处理问题和主动学习的能力。

**情感态度价值观：**

(1) 培养学生认真、严谨的学习态度。

(2) 充分调动学生的能动性，发挥团队的协作作用。

(3) 树立正确的学习观，养成良好的学习习惯，建立学习自信心。

## 二、任务描述

信号系统的作用是用于警告其他车辆和行人，引起注意，保证行车安全。信号系统主要包括灯光信号装置和声响信号装置。为了掌握信号系统的检修方法，必须掌握信号系统的组成，掌握汽车信号系统电路及其检测维修方法。

## 三、任务分析

汽车转向系统是汽车照明系统中最典型的线路，对汽车照明系统的了解可从转向灯线路入手。首先需要学会分析汽车转向灯电路，然后根据电路图开始线路的连接及检测。

## 四、相关知识链接

### （一）转向信号灯、危险警告灯

#### 1. 转向信号灯、危险警告灯的作用

转向信号灯的作用是指示汽车行驶的趋向。按照交通法规要求，当车辆起步、停车、超车和变更车道等情况，必须开启转向灯。

危险警告灯的作用是当车辆遇紧急情况时，前后左右全部转向灯同时闪烁，请求其他车辆注意避让。实际应用中，危险警告信号和转向信号灯共用一套灯具。

《机动车运行安全技术条件》(GB 7258—2017) 规定：危险警告灯操纵装置不得受电源总开关控制，危险警告信号和转向信号灯的闪光频率应为 (1.5±0.5) Hz，起动时间应小于等于 1.5s。如某一转向灯发生故障（短路除外）时，其他转向灯应继续工作，但闪光频率可以不同于上述规定的频率。

#### 2. 转向信号灯、危险警告灯的基本组成

转向信号灯、危险警告灯由闪光器、转向灯（警告灯）开关、转向灯和转向指示灯元件组成。

转向信号和危险警告信号一般共用转向灯与指示灯，但是分别由独立的开关控制。一般情况下，转向灯开关集成于转向柱左侧的灯光组合开关上，上、下拨动开关可以接通转向灯左右两侧的转向电路。危险警告灯一般不受点火开关控制，开关安装在中控台上，按下危险警告灯开关即可接通危险警告灯电路。

一般转向灯开关都有自动回正功能，即方向回正时就能自动切断转向电路。

转向灯闪烁由闪光器控制电流断续得到。闪光器有电热式、电容式、电子式，前两种在车辆上应用不多，目前广泛采用电子集成式闪光器，它具有闪光频率稳定，灯光亮暗明

显和工作可靠等特点。

**3. 丰田卡罗拉汽车转向灯电路分析**

2016 款丰田卡罗拉汽车转向灯电路，如图 5-12 所示。由图中可知转向灯电路由蓄电池、E55 组合仪表总成、E15 大灯变光器开关总成、G2G3 右侧后视镜总成、H2H3 左侧

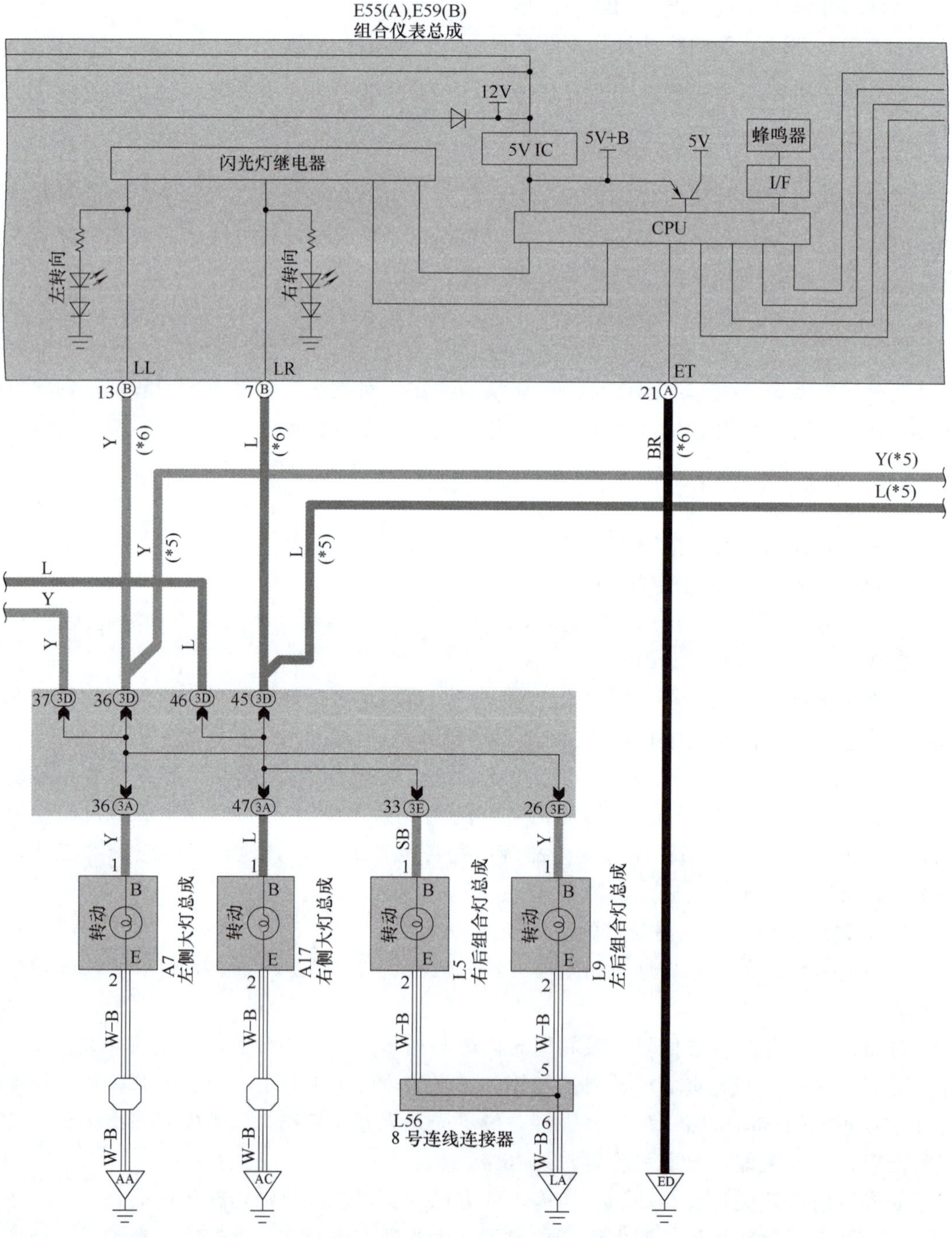


图 5-12　丰田卡罗拉汽车转向灯电路

后视镜总成，以及若干保险丝和导线组成，闪光继电器整合在组合仪表中。

转向灯电路不仅体现在大灯和尾灯上，后视镜下方及车内组合仪表中均有转向指示灯。

### （二）喇叭信号装置的结构和工作原理

**1. 喇叭的作用与分类**

汽车上都安装有喇叭，其作用是用来警告行人和其他车辆，以引起注意，保证行车安全。

喇叭分为气喇叭和电喇叭。气喇叭一般安装在有气源的大型客货车上。现代汽车安装的都是电喇叭，按外形可以分为螺旋形、筒形和盆形三类；按声频可以分为高音和低音两种；按接线方式可以分为单线制和双线制两种。

**2. 电喇叭的结构和原理**

盆形电喇叭结构，如图 5-13 所示。电磁铁采用螺管式结构，铁芯上绕有励磁线圈，上、下铁芯间的气隙在线圈中间，所以能产生较大的吸力。它无扬声筒，而是将上铁芯、膜片和共鸣板装在中心轴上。当电路接通时，励磁线圈产生吸力，上铁芯被吸下与下铁芯撞击，产生较低的基本频率，并激励膜片及与膜片联成一体的共鸣板产生共鸣，从而发出比基本频率强得多且分布又比较集中的谐音。

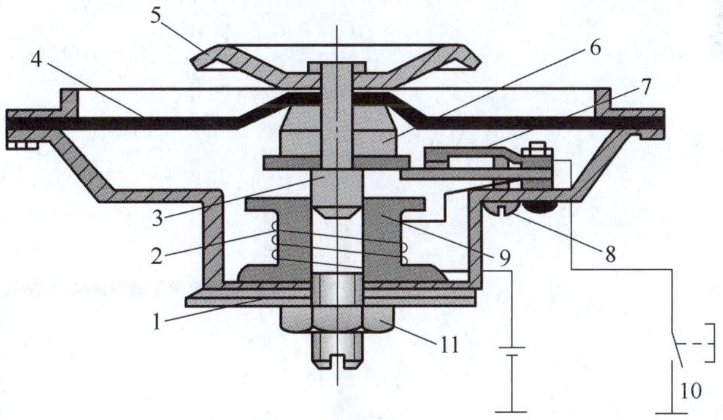

图 5-13 盆形电喇叭

1—下铁芯 2—线圈 3—上铁芯 4—膜片 5—共鸣板 6—衔铁 7—触点 8—调整螺钉 9—铁芯 10—按钮 11—锁紧螺母

**3. 电喇叭的调整**

盆形电喇叭在声音正常情况下，不需要进行调整。当喇叭声音不良时，则需要对喇叭进行调整，一般有音调调整和音量调整两部分。

音调的高低取决于膜片振动的频率，改变铁芯间隙可以改变膜片的振动频率，从而改变音调（有的在制造时已经调好工作中不用调整）；松开锁紧螺母，旋转铁芯（间隙减小时音调提高，间隙增大时音调降低），调至合适音调时，旋紧螺母即可。用厚薄规测量：低音喇叭为 1.0～1.3mm；高音喇叭为 0.9～1.1mm。

音量的大小与通过线圈的电流大小有关，通过的工作电流大，喇叭发出的音量也就大。线圈通过的电流大小，可以通过改变喇叭触点的接触压力来调整（压力增大，通过线圈的电流增大，喇叭的音量增大，反之音量减小）。盆形电喇叭音量的调整可通过调整螺钉来调整触点压力，进而实现对音量的调整。

喇叭音量与音调调整并不是各自独立的，事实上两者相互关联，因此需反复调试才会获得最佳声音。

**4. 电喇叭的控制**

为了得到较为和谐悦耳的声音，在汽车上大多装有双音（高低音）喇叭，由于两只喇叭消耗电流较大，为了保护喇叭按钮开关不被大电流烧蚀，通常在喇叭电路中设有继电器，

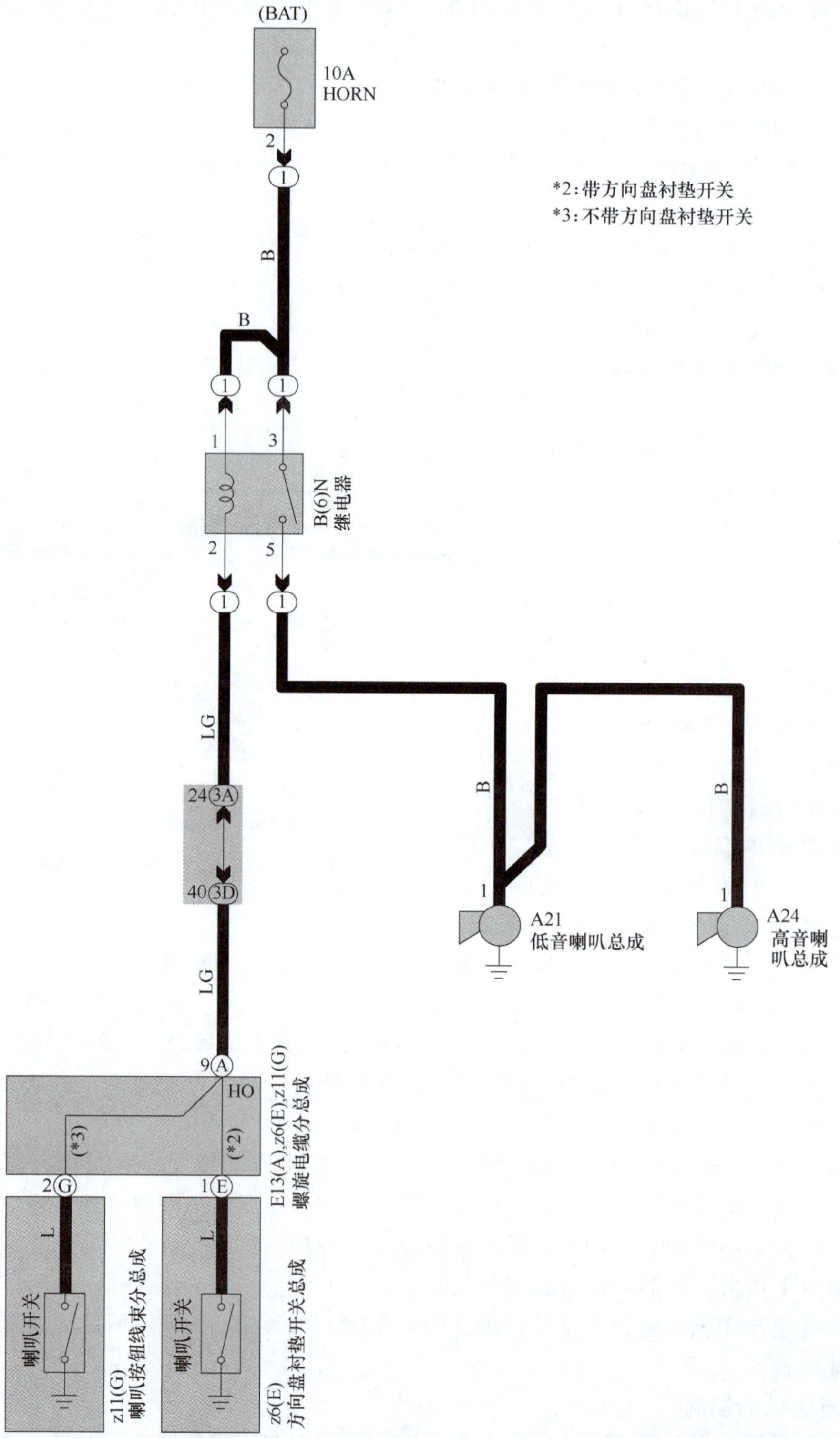


图 5-14　丰田卡罗拉汽车喇叭电路图

即用喇叭按钮去控制继电器线圈的小电流，而用继电器触点去控制喇叭所需要的大电流。

丰田卡罗拉喇叭电路图如图 5-14 所示，喇叭电路主要由蓄电池、喇叭开关、喇叭继电器、高音喇叭总成、低音喇叭总成以及保险及导线组成。当按下喇叭按钮开关时，蓄电池便经喇叭继电器线圈形成回路，使继电器铁芯产生电磁吸力，将继电器触点闭合，接通了双音电喇叭，喇叭发声。

## 五、任务实施

- **转向灯线路检测**

转向灯线路检测任务的实训车辆为丰田卡罗拉汽车，检测的内容包括转向灯灯泡、转向灯灯泡的供电线与搭铁线、转向灯开关以及转向继电器控制线路的检测。

**1. 转向灯灯泡检测**

在实训车辆中找到转向灯灯泡的位置，将任一转向灯灯泡取出来，使用万用表电阻挡对转向灯灯泡进行测量。如转向灯灯泡阻值为无穷大，则说明转向灯灯泡灯丝熔断，不能正常点亮。当检测结果小于 1Ω，则说明转向灯灯泡正常。

**2. 转向灯供电线与搭铁线检测**

将转向灯灯泡取下，找到转向灯供电线和搭铁线。将点火开关打到 ON 挡，灯光开关打到转向灯位置，使用万用表电压挡检测转向灯供电线，将万用表红表笔插入近光灯供电线，黑表笔短接在蓄电池负极或车身搭铁点，测量数据应在 0～12V。

使用万用表电压挡检测转向灯搭铁线，将万用表红表笔插入转向灯搭铁线，黑表笔短接在蓄电池负极或车身搭铁点，测量数据应接近 0V。

**3. 转向灯开关检测**

通过查询丰田卡罗拉汽车电路图，找到转向灯开关的位置。转向灯开关实物图，如图 5-15 所示。

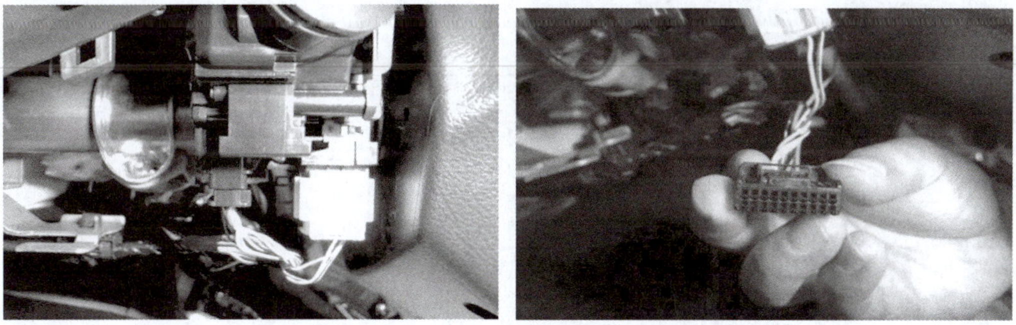

图 5-15　转向灯开关实物图

转向灯开关控制原理图，如图 5-16 所示。转向灯开关针脚分布图，如图 5-17 所示。

通过图 5-17 可以得知，在左转向灯位置时，转向灯开关针脚的 11 号与 15 号端子接通。在右转向灯位置时，转向灯开关针脚的 11 号与 15 号端子接通。将转向灯开关分别拨到左转向灯位置和右转向灯位置，使用万用表电阻挡对转向灯开关进行检测，测量结果应小于 1Ω 为正常。

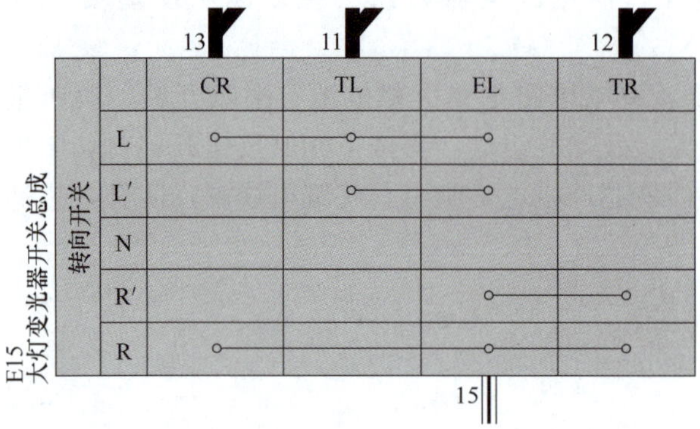


图 5-16　转向灯开关控制原理图

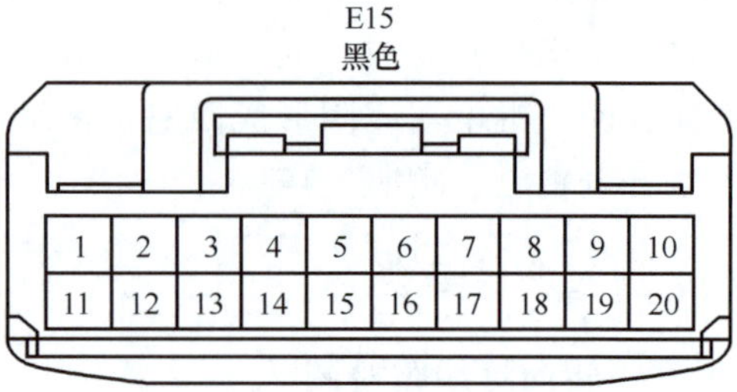


图 5-17　转向灯开关针脚分布图

## 六、任务工单

**转向灯电路检测操作工单**

<table>
<tr><td colspan="2">一、场地及设备初步检查(考前对场地安全和设备的检查及准备)</td></tr>
<tr><td>(1)工量具检查准备</td><td>备注</td></tr>
<tr><td>(2)仪器设备检测准备</td><td rowspan="9"></td></tr>
<tr><td>(3)技术资料检测准备</td></tr>
<tr><td>(4)汽车停放位置检查</td></tr>
<tr><td>(5)放置车轮三角块</td></tr>
<tr><td>(6)连接尾气抽排管</td></tr>
<tr><td>(7)放置方向盘套和脚垫</td></tr>
<tr><td>(8)放置发动机及翼子板罩</td></tr>
<tr><td>(9)发动机机油、冷却液检查</td></tr>
<tr><td>(10)蓄电池状况检查</td></tr>
<tr><td colspan="2">二、操作过程</td></tr>
<tr><td colspan="2">1. 转向灯灯泡检测<br>(1)目测转向灯灯泡是否损坏：<br>正常 □　　　不正常 □<br>(2)用万用表检测转向灯灯泡，测量值：__________<br>正常 □　　　不正常 □<br>2. 测量转向灯灯泡供电线，测量值：<br>正常 □　　　不正常 □<br>3. 测量转向灯灯泡搭铁线，测量值：__________<br>正常 □　　　不正常 □<br>4. 测量转向灯开关，测量值(请标注端子号)：__________<br>正常 □　　　不正常 □<br>5. 转向继电器控制线路检测<br>(1)测量继电器供电，测量值(请标注段子号)：__________<br>正常 □　　　不正常 □<br>(2)测量继电器搭铁，测量值(请标注端子号)：__________<br>正常 □　　　不正常 □<br>(3)测量左/右转向灯控制线，测量值(请标注端子号)：__________<br>正常 □　　　不正常 □</td></tr>
</table>

## 喇叭线路连接操作工单

| 一、场地及设备初步检查(考前对场地安全和设备的检查及准备) | |
|---|---|
| (1)工量具检查准备 | 备注 |
| (2)仪器设备检查准备 | |
| (3)技术资料检查准备 | |
| (4)汽车停放位置检查 | |
| (5)放置车轮三角块 | |
| (6)连接尾气抽排管 | |
| (7)放置方向盘套和脚垫 | |
| (8)放置发动机及翼子板板罩 | |
| (9)发动机机油、冷却液检查 | |
| (10)蓄电池状况检查 | |
| 二、操作过程 | |

1. 喇叭主回路

   蓄电池“+”→__________→__________→__________;

2. 继电器回路:

   蓄电池“+”→__________→__________→__________。

3. 画出所连接的喇叭电路

# 项目六

# 汽车辅助电器系统检修

## 任务一　汽车雨刮系统的检修

教学课件

雨刮系统检测

### 一、任务目标

**知识与技能：**

（1）熟悉丰田汽车雨刮系统分析方法。

（2）掌握汽车雨刮电路线路连接方法。

（3）掌握汽车雨刮系统电路的检测方法。

**过程与方法：**

（1）通过小组合作、讨论，培养学生团队协作能力。学会连接汽车雨刮电路。

（2）通过直观的实践操作，激发学生学习的热情。

（3）通过利用多种形式的学习资源，引导学生自主学习，进而培养学生分析处理问题和主动学习的能力。

**情感态度价值观：**

（1）培养学生认真、严谨的学习态度。

（2）充分调动学生的能动性，发挥团队的协作作用。

（3）树立正确的学习观，养成良好的学习习惯，建立学习自信心。

### 二、任务描述

为了保证汽车在雨雪天气时有良好的行车视线，确保行车安全，在汽车挡风玻璃前装有刮水器。雨刮系统的检测内容包括控制开关的检测、控制线路检测、雨刮电机检测。要求对开关做出正确判断，通过对实车线路的检测，查找出电源线、搭铁线及电机连接线。

### 三、任务分析

要对雨刮系统故障进行排除，首先要求应熟悉电动刮水器的功能并能正确操作电动刮水器；如果是机械故障必须能熟练完成电动刮水器的拆装；如果是电路故障，必须能识读电动刮水器的电路图并在此基础上完成电路故障诊断与排除。

## 四、相关知识链接

### （一）刮水器的功能

刮水器的作用：清扫风窗玻璃上的雨水、雪或尘土，保证汽车在雨天或雪天时，驾驶员有良好的视线，确保行驶安全。

汽车上采用的刮水器根据其动力不同分为真空式、气动式和电动式三种。目前在汽车上广泛采用的电动刮水器。

普遍具有高速、低速及间歇三个工作挡位，而且除了变速之外，还有自动回位的功能。

### （二）电动刮水器的结构

电动刮水器是由直流电动机、传动机构和控制开关三大部分组成。

**1. 直流电动机**

刮水器电动机为直流电动机，多采用永磁式，按其输出形式分可分为旋转输出与摆动输出两种。

为了保证刮水器在不工作时其雨刷能始终停在挡风玻璃下沿，在大多刮水器电动机的减速箱内都装有一套回位装置，用这个装置来控制电路，使刮水电动输出轴每次停在一个固定的位置。刮水器电动机结构，如图 6-1 所示。

(a)

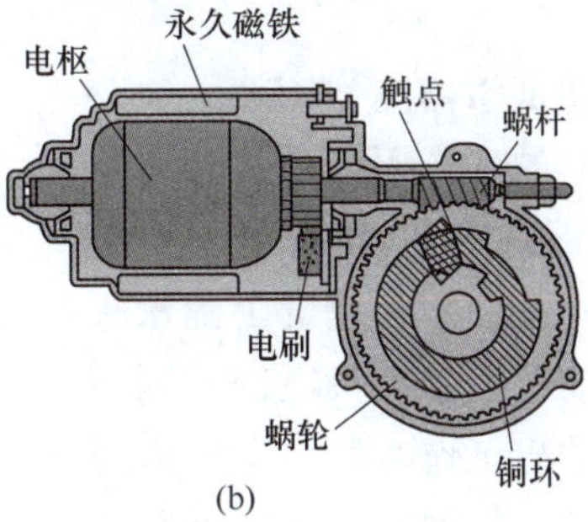

(b)

图 6-1　刮水器电动机结构图

（a）电动机实物图　（b）内部结构图

**2. 传动机构**

主要由蜗轮、蜗杆、拉杆、摆杆、底板和刷架等组成，如图 6-2 所示。其工作原理为：刮水器分刮杆和刮片两个部分，刮杆部分是由接头、刮杆臂、刮杆等零件组成的一个刚性杆件。接头用以与传动轴输出端相连接，而刮臂等零件铰接在接头的传轴销上，在弹簧的作用下对刮片中心产生合适的压力，使之与风挡玻璃吻合后进行工作。

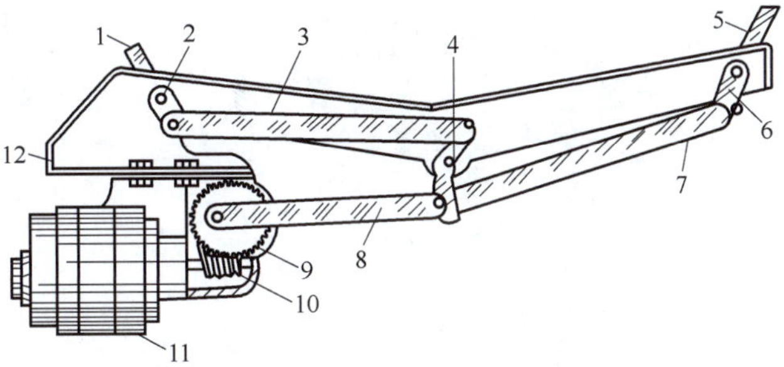


图 6-2　刮水器的传动机构组成

1、5—刮片架　2、4、6—摆杆　3、7、8—拉杆

9—蜗轮　10—蜗杆　11—电动机　12—底板架

**3. 控制开关**

控制开关主要由组合开关中的操纵手柄进行控制高速、低速及间歇三个工作挡位，如

图 6-3 所示。刮水器开关有拉钮或旋钮开关和杠杆开关两种，有些汽车上的刮水器除具有刮水、喷洗功能外，还具备可调时间间歇式刮水及刮雾功能。

当驾驶者将刮水器和喷洗器开关杠杆向自身方向拉动并随即释放时，则刮雾器起作用。

当向下压动杠杆位于第一挡位时，刮水器间歇刮水，可适应微雨时需要。

当向下压动杠杆至第二挡位时，刮水器处于低速工作，以适应小雨需要。

当继续下压下杆至第三挡位时，刮水器处于高速工作，以适应大雨时刮水的需要。转动刮水器间歇时间调整按钮，可使间歇时间在 2～12s。

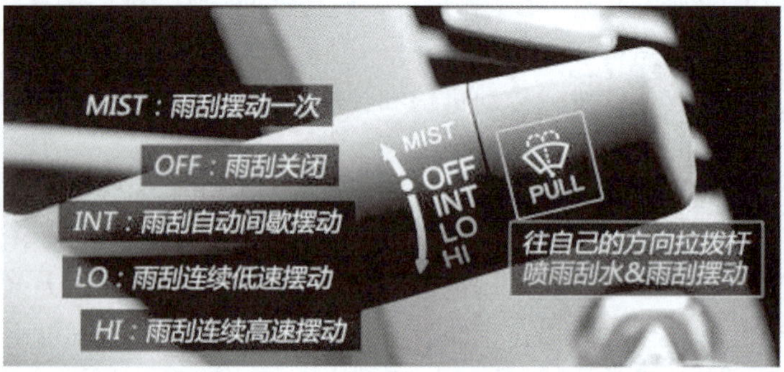


图 6-3　刮水器的控制开关结构功能图

### （三）电动刮水器工作原理

电动刮水器的工作原理分为调速原理、自动复位原理、控制原理和间歇控制原理。

#### 1. 永磁式刮水器电动机的变速控制

刮水器刮水片的摆动速度由刮水电动机转速决定。永磁式电动机刮水器的磁场由永久磁铁产生，电动机上有三只电刷。利用三个电刷来改变正负电刷之间串联的线圈数，实现变速。永磁电动机工作时，在电枢内同时产生反电动势，其方向与电枢电流的方向相反。要使电动机旋转，外加电压必须克服反电动势的作用。

当将刮水器开关 K 拨向 L 时，电源电压 $U$ 加在电刷 $B_1$ 和 $B_3$ 之间的两条并联支路中，每条支路中各有 4 个串联绕组，反电动势的大小与支路中反电动势的大小相等。由于外加电压需要平衡 4 个绕组所产生的反电动势，故电动机转速较低，如图 6-4（a）所示。

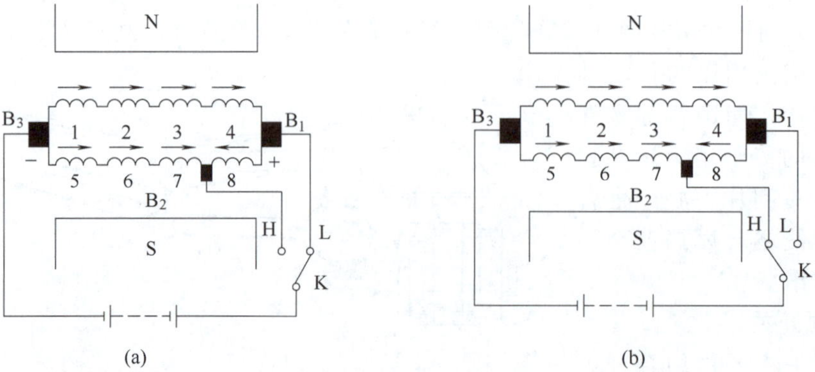


图 6-4　电动刮水器电动机变速原理

（a）低速控制　（b）高速控制

当刮水器开关K拨向H时，电源电压$U$加在电刷$B_2$和$B_3$之间。绕组1、2、3、4、8同在一条支路中，其中绕组8与绕组1、2、3、4的反电动势方向相反，相互抵消后，每条支路变为3个绕组。由于电机内部的磁场方向和电枢的旋转方向没有变化，所以各绕组内反电动势的方向与低速时相同，但外加电压只需平衡3个绕组所产生的反电动势，因此电机转速增高，如图6-4（b）所示。

**2. 自动复位原理**

为了不影响驾驶员的视线，要求在任何时刻切断刮水器电动机电路时，雨刮片都能自动停止在风窗玻璃的下部而不影响驾驶员的视线。

电动机以低速运转直至蜗轮旋转到如图6-5（a）所示的特定位置，电路中断。由于电枢的惯性，电动机不能立即停止转动，电动机以发电机方式运行，此时电枢绕组通过触点臂，与铜环接通而短路，电枢绕组产生很大的反电动势，产生制动力矩，电动机迅速停止转动，使橡皮刷复位到风窗玻璃的下部。

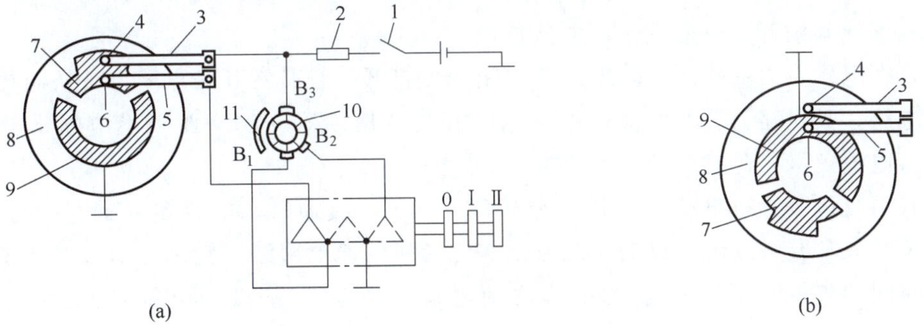


图6-5　永磁式电动机刮水器自动复位装置的结构与工作原理图

（a）刮水器回位时铜环位置　（b）刮水器未回位时铜环位置

1—电源开关　2—熔丝　3、5—触点臂　4、6—触点　7、9—铜环　8—蜗轮　10—电枢　11—永久磁铁　12—蓄电池　13—刮水器开关　$B_1$～$B_3$—电刷

**3. 控制原理**

如图6-6所示，刮水控制原理有0、Ⅰ、Ⅱ三挡，其工作原理分别为：

（1）低速运转：刮水器开关拉到“Ⅰ”挡时，电流从蓄电池的正极→电源开关→熔丝→电刷$B_3$→电枢绕组→电刷$B_1$→刮水器“Ⅰ”挡→搭铁，刮水器电动机低速运转。

（2）高速运转：刮水器开关拉到“Ⅱ”挡时，电流从蓄电池的正极→电源开关→熔丝→电刷$B_3$→电枢绕组→电刷$B_2$→刮水器“Ⅱ”挡→搭铁，刮水器电动机高速运转。

（3）复位状态：刮水开关推到“0”挡时，如果刮水器的刮水片没有停在规定的位置时，电路原理为蓄电池正极→电源开关→熔丝→电刷$B_3$→电枢绕组→电刷$B_1$→刮水器“0”挡→触点臂5→铜环9→搭铁，这时电动机低速运转，当摇臂摆到停止位置时，电动机被短路而停转。与此同时，刮水器处于复位状态。

**4. 间歇控制原理**

将刮水器开关置于间歇挡时，使刮水器按一定周期自动停止和工作，即每刮水一次停止2～3s，这样可使驾驶员获得较好的视野，工作原理图如图6-6所示。

其工作原理为：

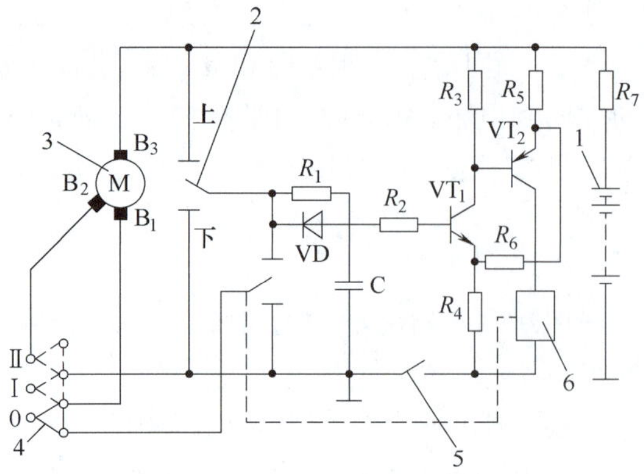


图 6-6　刮水器间歇控制电路原理图

1—蓄电池　2—复位开关　3—刮水电动机

4—刮水器开关　5—间歇开关　6—继电器

（1）当刮水器开关置于间歇挡位置（刮水器开关处于 0 位，且间歇开关闭合）时，电源将通过自动复位开关向电容器 C 充电，其电路为：蓄电池正极→电源开关→熔断器→自动复位开关常闭触点（上）→电阻 $R_1$→电容器 C→搭铁→蓄电池负极。随着充电时间的增长，电容器 C 两端的电压逐渐升高。

（2）当电容器 C 两端的电压升高到一定值时，晶体管 $VT_1$ 和 $VT_2$ 先后相继由截止转为导通从而接通继电器磁化线圈的电路，其电路为：蓄电池正极→电源开关→熔断器→电阻 $R_5$→$VT_2$→继电器磁化线圈→间歇开关→搭铁→蓄电池负极。

（3）在电磁吸力的作用下，继电器常闭触点打开，且其常开触点闭合，从而接通刮水电动机电路，其电路为：蓄电池正极→电源开关→熔断器→$B_3$→$B_1$→继电器常开触点→搭铁→蓄电池负极。此时电动机低速旋转。

（4）当复位装置将自动复位开关常开触点（下）接通时，电容器 C 通过二极管 VD、自动复位开关常开触点迅速放电，此时刮水电动机的通电回路不变，电动机继续转动。随着放电时间的增长，$VT_1$ 基极的电位逐渐降低。当 $VT_1$ 基极的电位降低到一定值时，$VT_1$ 和 $VT_2$ 由导通变为截止，从而切断了继电器磁化线圈的电路，继电器复位，常开触点打开，常闭触点闭合。

（5）由于自动复位开关常开触点处于闭合状态，电动机仍将继续转动，其电路为：蓄电池正极→电源开关→熔断器→$B_3$→$B_1$→继电器常闭触点→自动复位开关常开触点→搭铁→蓄电池负极。只有当刮水片回到原位（即不影响驾驶员视线位置），自动复位开关常开触点打开且其常闭触点闭合时，电动机才停止转动。继而电源将再次向电容器 C 充电，重复以上过程。

**（四）丰田刮水器系统电路分析**

丰田花冠刮水器系统电路如图 6-7 所示。

**1. 低速刮水**

当刮水器电动机通电时，电枢转动，并带动复位开关的凸轮转动，复位开关常开触点闭合。

**2. 高速刮水**

当刮水器电动机通电时，电枢转动，并带动复位开关的凸轮转动，复位开关常开触点闭合。

**3. 间歇刮水**

当刮水器电动机通电时，电枢转动，并带动复位开关的凸轮转动，复位开关常开触点闭合。

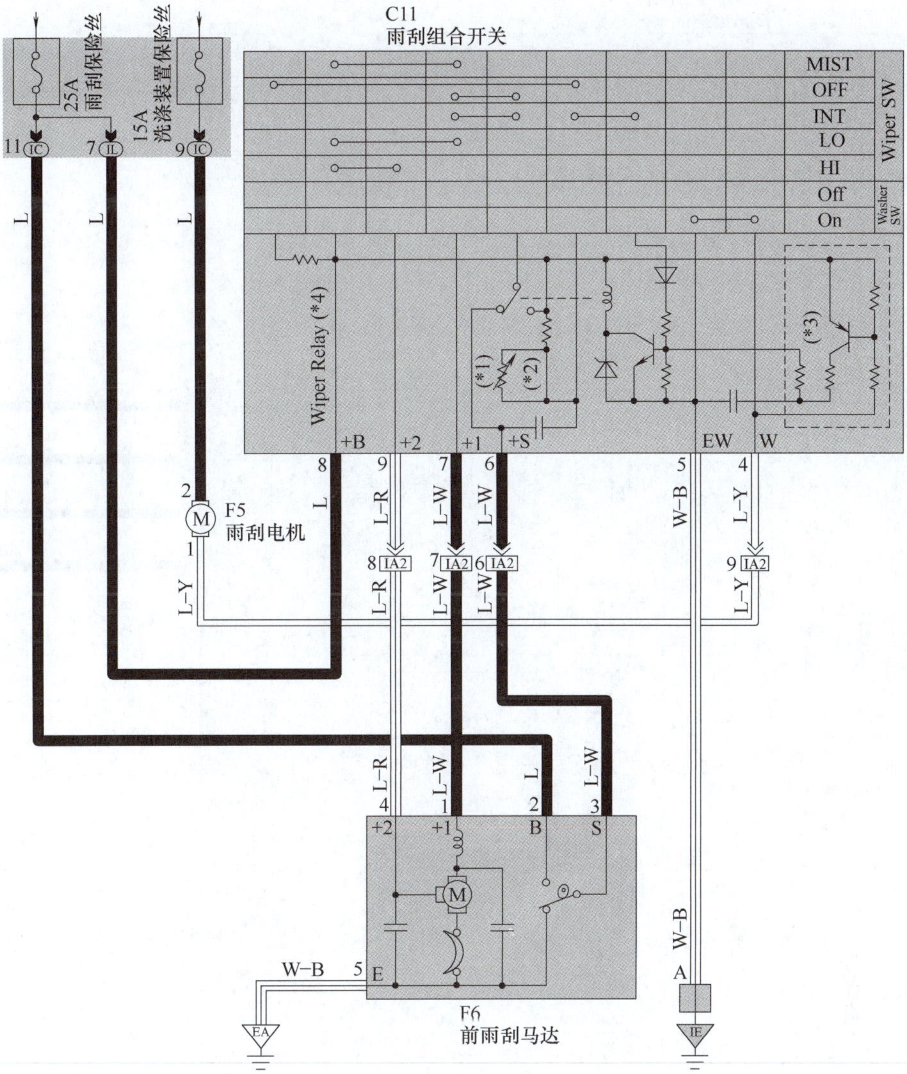


图 6-7　丰田花冠刮水器系统电路

**4. 停机复位**

当刮水器电动机仍在运动、操纵开关突然置于 OFF 位置时，此时复位开关常开触点仍闭合。

## 五、任务实施

- **电动刮水器的检测**

**1. 控制开关的端子的判断**

丰田卡罗卡车型刮水器电动机的控制电路原理图，如图 6-8 所示。从控制电路原理图可以看出控制刮水器电动机的插座有 5 个端子，控制低速的端子为 3（+B）和 5（地），控制高速的端子为 4（+2）和 5（地），控制间歇挡 1（+S）和 5（地）。

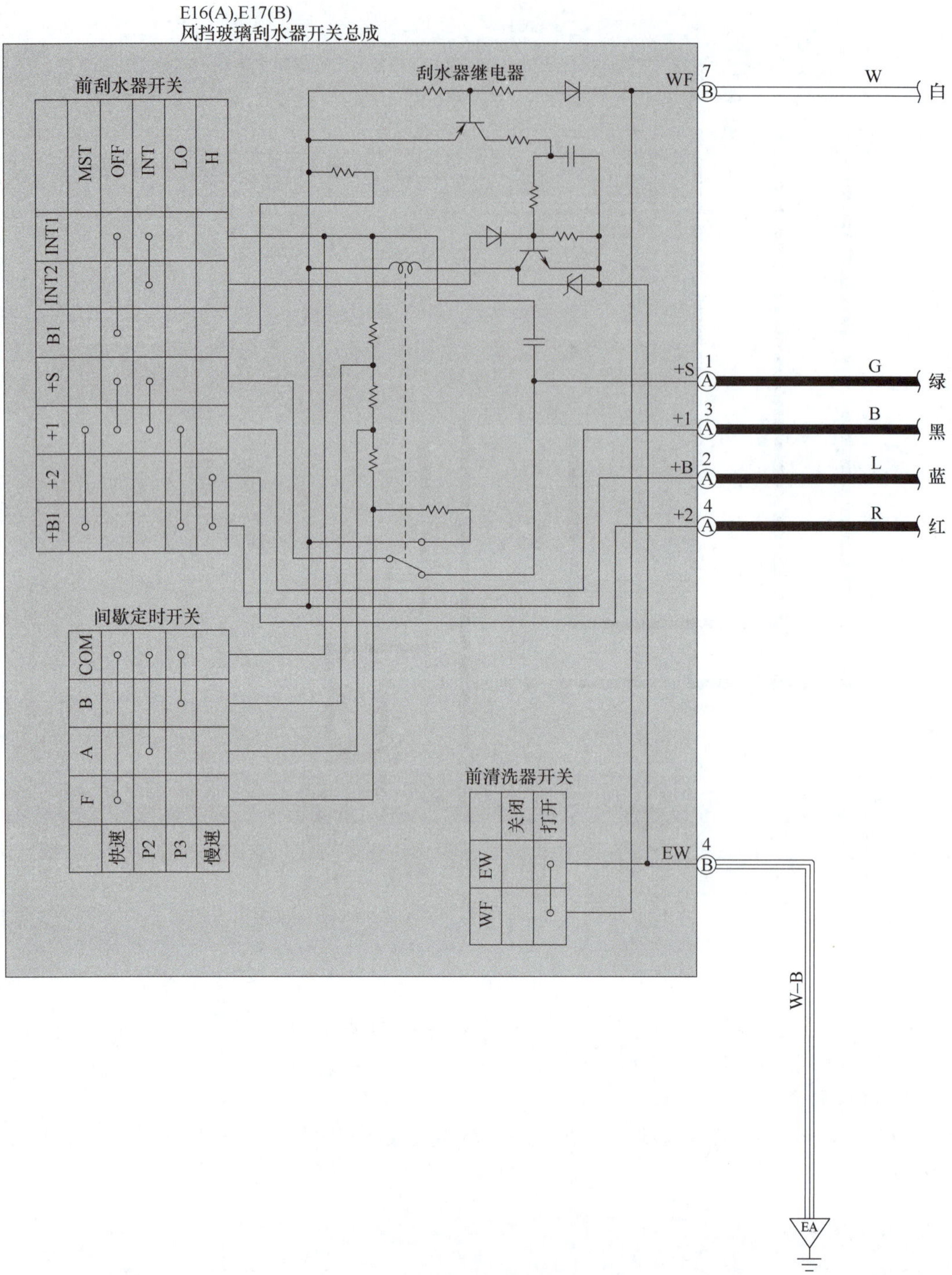


图 6-8 丰田卡罗拉汽车刮水器电机控制电路原理图

具体检测方法为：

（1）低速挡端子判断：打开低速挡开关，用万用表 20V 直流电压挡，测得 3 号端子与地之间的电压为蓄电池电压，则可判断出低速挡的端子为 3 号控制端子。

（2）高速挡端子判断：打开高速挡开关，用万用表20V直流电压挡，测得4号端子与地之间的电压为蓄电池电压，则可判断出高速挡的端子为4号控制端子。

（3）间歇挡端子判断：将雨刮电子连接器连接好，在1号端子插上检测针，用万用表红表笔搭载检测针上，黑表笔搭铁，当打开间歇挡开关时，万用表的电压由蓄电池电压降到0V，则判断1号端子为间歇控制端子。

**2. 控制线路的检测**

（1）参照图6-8雨刮控制电路原理图，断开雨刮电机连接器，用万用表电阻挡检测电机插座上5号孔内和车身搭铁处，测得的电阻为0Ω左右，则可判断出搭铁端子。

（2）打开点火开关“ON”挡，用万用表20V直流电压挡测量电机插座的2号端子，测得的电压为蓄电池电压，可判断出电源端子为2号端子。

**3. 刮水器电动机的检测**

由控制开关端子判断检测出控制高速、低速、间歇的端子，因此检测雨刮电机只需要分别检测其端子跟地之间的电阻大小，从而可以判断出控制雨刮电机的好坏。

（1）低速电机好坏判断：用万用表电阻挡检测低速控制端子3号端子和5号端子（地）之间的阻值，检测值在0Ω左右，则判断控制低速电机正常。

（2）高速电机好坏判断：用万用表电阻挡检测低速控制端子4号端子和5号端子（地）之间的阻值，检测值在0Ω左右，则判断控制高速电机正常。

（3）间歇电机好坏判断：用万用表电阻挡检测低速控制端子1号端子和5号端子（地）之间的阻值，检测值在0Ω左右，则判断控制间歇电机正常。

## 六、任务工单

**刮水器装置的检测操作工单**

<table>
<tr><td>信息获取</td><td>车型</td></tr>
<tr><td colspan="2">一、场地及设备初步检查(考前对场地安全和设备的检查及准备)</td></tr>
<tr><td>(1)工量具检测准备</td><td rowspan="3">备注</td></tr>
<tr><td>(2)仪器设备检查准备</td></tr>
<tr><td>(3)技术资料检查准备</td></tr>
<tr><td colspan="2">二、操作过程</td></tr>
<tr><td colspan="2">1. 电控线路检测<br>(1)电源线的测量值(请标注端子号)：__________<br>正常 □　　不正常 □<br>(2)搭铁控制线的测量值(请标注端子号)：__________<br>正常 □　　不正常 □<br>(3)低速挡位置时，测量值(请标注端子号)：__________<br>正常 □　　不正常 □<br>(4)高速挡位置时，测量值(请标注端子号)：__________<br>正常 □　　不正常 □<br>(5)间歇挡位置时，测量值(请标注端子号)__________<br>正常 □　　不正常 □<br>2. 雨刮电机的检测<br>(1)低速挡电阻，测量值(请标注端子号)__________<br>正常 □　　不正常 □<br>(2)高速挡电阻，测量值(请标注端子号)__________<br>正常 □　　不正常 □<br>(3)间歇挡电阻，测量值(请标注端子号)__________<br>正常 □　　不正常 □</td></tr>
</table>

# 任务二　电动车窗的检修

教学课件

电动车窗
线路检测

## 一、任务目标

**知识与技能：**

（1）熟悉丰田汽车电动车窗系统分析方法。
（2）掌握汽车电动车窗电路线路连接方法。
（3）掌握汽车电动车窗电路的检测方法。

**过程与方法：**

（1）通过小组合作、讨论，培养学生团队协作能力。学会连接电动车窗电路。
（2）通过直观的实践操作，激发学生学习的热情。
（3）通过利用多种形式的学习资源，引导学生自主学习，进而培养学生分析处理问题和主动学习的能力。

**情感态度价值观：**

（1）培养学生认真、严谨的学习态度。
（2）充分调动学生的能动性，发挥团队的协作作用。
（3）树立正确的学习观，养成良好的学习习惯，建立学习自信心。

## 二、任务描述

一辆丰田卡罗拉 1.6L 汽车，车主反映：前乘客（右前）电动车窗不能升降，其他电动车窗工作正常。需要对电动车窗进行检测，确定故障部位并进行检修。

## 三、任务分析

电动车窗在检测中任务要求为乘客侧控制开关的检测、乘客侧控制开关的线路检测；要求对开关的好坏做出正确的判断，通过对线路的检测，判断电源线、搭铁控制线及电机连接线（电机线圈）的好坏。可以查阅相关技术维修手册，在车检测。

## 四、相关知识链接

教学视频

电动车窗开关
认识和操作

### （一）电动车窗的组成

**1. 电动车窗的功能**

电动车窗又称电动门窗，它可以使驾驶员或乘客在座位上控制车窗玻璃自动上升或下降。

其主要功能为：

（1）手动或自动控制车窗玻璃的升降。
（2）防夹功能：自动上升操作（驾驶员车门）期间，如果有异物卡滞在门窗内，使电动车窗自动停止并向下移动。

(3) 电动车窗主开关控制前排乘客侧门窗和后门窗的手动上升和下降操作。

(4) Key-Off 操作功能：在将点火开关置于 ON (IG) 或 OFF 位置后大约 45s 内，如果任一前门未打开，则该功能使得电动车窗仍可以工作。

(5) 诊断：电动车窗开关检测到电动车窗系统故障时，可让电动车窗开关进行故障部位的诊断。电动车窗开关灯亮起或闪烁。

(6) 失效保护：电动车窗电动机内的脉冲传感器出现故障，失效保护功能能够禁用部分电动车窗功能。

**2. 电动车窗的组成**

电动车窗控制系统主要由车窗玻璃、直流电动机、电动玻璃升降器、开关（主控开关、分控开关）、继电器、断路器等装置组成。

(1) 直流电动机。直流电动机有永磁式和双绕组式两种。每个车窗都装有一套升降机构，通过开关控制它的电流或磁场方向，使车窗玻璃上升或下降。

(2) 车窗玻璃升降器。车窗玻璃升降器常见的有钢丝滚筒式和齿扇式两种。

钢丝滚筒式玻璃升降器，如图 6-9 所示。双向直流电动机前端安装有减速机构，其上安装一个绕有钢丝的滚筒，玻璃卡座固定在钢丝上且可在滑动支架上移动。

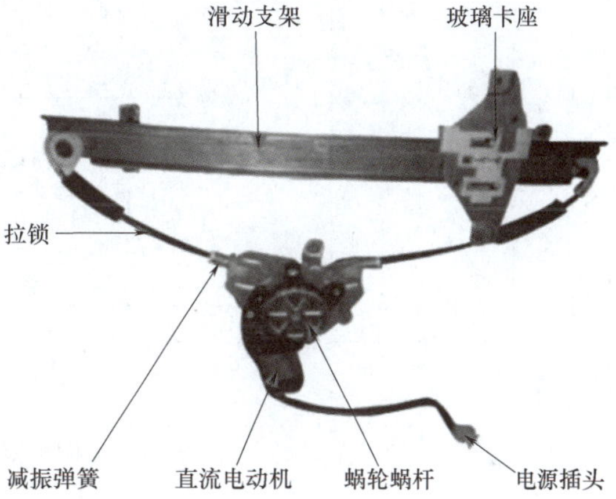

图 6-9　钢丝滚筒式玻璃升降器

(3) 控制开关。所有电动车窗都有两套控制开关：一套为主控开关，电动车窗主控开关，如图 6-10 所示，安装在驾驶员侧车门扶手上或仪表板，由驾驶员控制玻璃升降。另一套为分控开关，安装在乘客侧车窗中部，可由乘客操纵。主控开关上还安装有控制分开关的总开关，如果断开它，分开关就不起作用。若带有延迟开关的电动车窗系统，可在点火开关关断后约 10min 内，或在车门打开以前，仍提供电源，使驾驶员和乘客有时间关闭车窗。

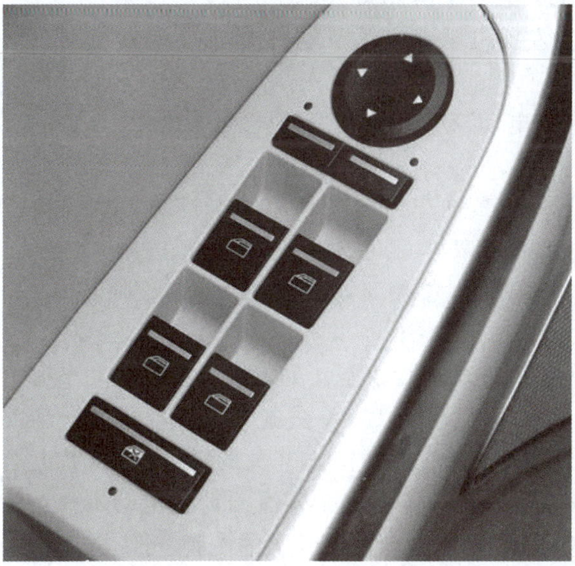
图 6-10　电动车窗主控制开关

### （二）电动车窗的工作原理与控制

**1. 控制回路分析**

如图 6-11 所示，车身 ECU 的 13 脚是信号输出控制脚，当车身 ECU

的 13 脚输出高电平信号时，电源继电器线圈得电，其触点闭合，蓄电池电压→主熔丝→12A ALT 熔丝→电源继电器触点后分三路供电：

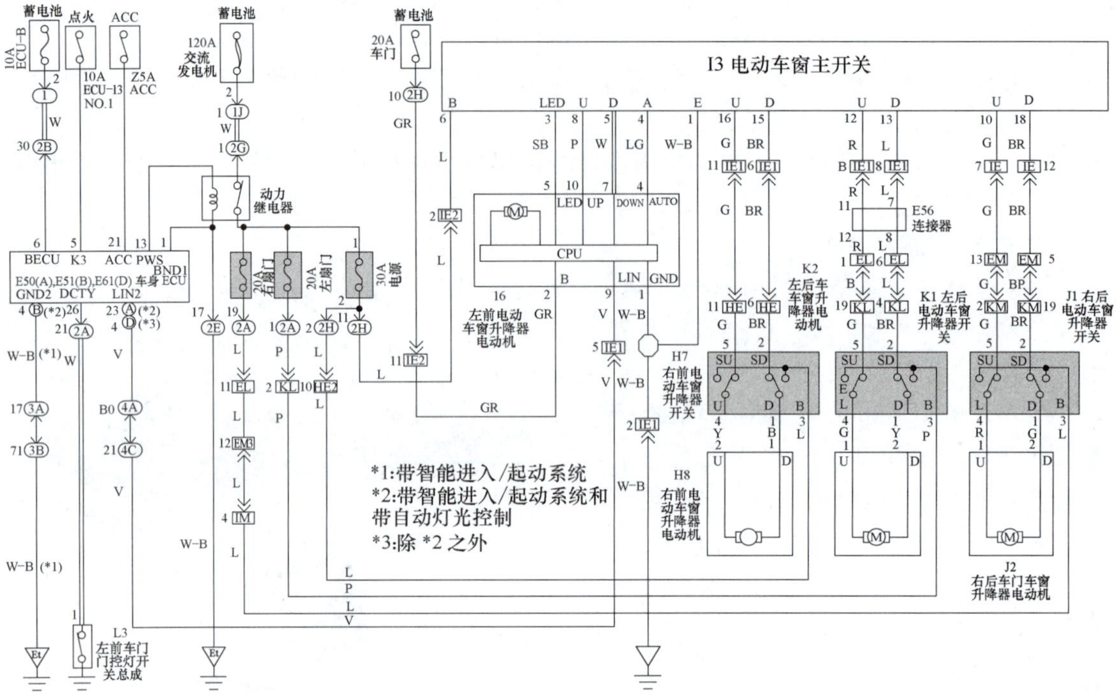

图 6-11　丰田卡罗拉电动车窗电路

第一路经 30A 电源熔丝后分两路：一路供电给电动车窗主开关的 6 脚；另一路供电给右前电动车窗升降开关 H7 的 3 脚。

第二路经 20A 右后门熔丝后供电给右后电动车窗升降器开关 J1 的 3 脚。

第三路经 20A 左后门熔丝后供电给左后电动车窗开关 K1 的 3 脚。

蓄电池电压经 20A 电源熔丝后供电给左前电动车窗调节电机 I6 的 2 脚；电动车窗主开关的 1 脚和左前电动车窗调节电机 I6 的 1 脚都为搭铁脚；电动车窗主开关的 5 为电动窗下降控制信号；电动车窗主开关的 8 脚为电动窗上升控制信号。

**2. 主开关断开电路分析**

当电动车窗主开关断开时，除驾驶侧外，其他车门窗玻璃驱动电机的搭铁线均被切断，驾驶侧车窗由对应的分开关控制。如当按下驾驶侧电动车窗"UP"按钮时，左前电动车窗上升关窗；当按下驾驶侧电动窗"DOWN"按钮时，左前电动车窗下降开窗。

**3. 总开关闭合电路分析**

当总开关闭合时，驾驶员可对其他车门窗玻璃进行控制。如驾驶员按下电动车窗主开关相应的后座左侧门窗"UP"按钮时，蓄电池"+"→120A 交流发电机熔断丝→动力继电器触点→30A 电源熔断丝→电动窗主开关的 6 脚→电动窗主开关的 12 脚→左后电动车窗升降器开关的 5 脚→左后电动车窗升降器开关的 4 脚→左后车窗升降器电动机→左后电动车窗升降器开关的 1 脚→电动窗主开关的 13 脚→电动窗主开关的 1 脚→E1 搭铁→蓄电池"－"，此时左后电动窗升降器调节电机得电，车窗上升关窗。

当总开关闭合时，乘客可对相应车门窗玻璃进行控制。如乘客按下分开关相应的左后电动车窗升降器开关“UP”按钮时，蓄电池“+”→120A 交流发电机熔断丝→动力继电器触点→20A 左后门熔断丝→左后电动车窗升降器开关 3 脚→左后电动车窗升降器开关 4 脚→左后车窗升降器电动机→左后电动车窗升降器开关的 1 脚→电动窗主开关的 13 脚→电动窗主开关的 1 脚→E1 搭铁→蓄电池“-”，此时左后电动窗升降器调节电机得电，车窗上升关窗。

其他门窗的升降操纵与上述操纵方法相同。

## 五、任务实施

### （一）乘客侧控制开关的线路检测

检测电源线：打开点火开关至“ON”挡，将万用表打至 20V 直流电压挡，将与万用表红表针连接好的诊断引线分别插入 5 个端子，黑表笔搭在车身搭铁处，测得的黑色线（4 号端子）的端子电压为 12.18V，如图 6-12 所示。则可判断出电源线路正常。

图 6-12　丰田卡罗拉乘客侧车窗控制端子

检测搭铁线：将万用表打至导通挡，将与万用表红表针插入开关的另外 4 个端子，黑表笔搭在车身搭铁处，测得蓝黑线（2 号端子）和绿红线（5 号端子）跟地之间的电阻为 1Ω 左右，则判断搭铁线路正常。

### （二）乘客侧控制开关检测

检测控制开关玻璃上升端子：用万用表直流电压 20V 挡位，将与万用表红表针插入开关的黄色导线处，黑表笔搭在车身搭铁处，车窗上升开关按下时，电压值电压值应接近蓄电池电压 12V，则可以判断黄色（3 号端子）导线端为控制车窗上升端子。

检测控制开关玻璃下降端子：用万用表直流电压 20V 挡位，将与万用表红表针插入开关的绿色导线处，黑表笔搭在车身搭铁处，车窗下降开关按下时，电压值应接近蓄电池电压 12V，则可以判断绿色（1 号端子）导线端为控制车窗下降端子。

检测电动车窗电机：将万用表打至导通挡，红黑表笔分别插入黄色（3 号）和绿色（1 号）两个端子内，测得电阻值为 24.8Ω，则可以判电动车窗的控制电机正常。

## 六、任务工单

**电动车窗在车检测操作工单**

| | |
|---|---|
| 信息获取 | 车型 |
| 一、场地及设备初步检查(考前对场地安全和设备的检查及准备) | |
| (1)工量具检测准备 | 备注 |
| (2)仪器设备检查准备 | |
| (3)技术资料检查准备 | |
| 二、操作过程 | |
| 1. 乘客侧控制开关的线路检测<br>(1)电源线的测量值(请标注端子号):____________<br>正常 □　　不正常 □<br>(2)搭铁控制线的测量值(请标注端子号):____________<br>正常 □　　不正常 □<br>(3)电机连接线的测量值(请标注端子号):____________<br>正常 □　　不正常 □<br>2. 乘客侧控制开关的检测<br>(1)上升位置时,测量值(请标注端子号)____________<br>正常 □　　不正常 □<br>(2)下降位置时,测量值(请标注端子号)____________<br>正常 □　　不正常 □<br>(3)控制开关处于常态时,测量值(请标注端子号)____________<br>正常 □　　不正常 □ | |

# 任务三　电动后视镜的检修

## 一、任务目标

教学课件

电动后视镜

**知识与技能:**

(1) 熟悉丰田汽车电动后视镜电路分析方法。

(2) 掌握汽车后视镜电路线路连接方法。

(3) 掌握汽车后视镜电路的检测方法。

**过程与方法:**

(1) 通过小组合作、讨论,培养学生团队协作能力。学会连接后视镜电路。

(2) 通过直观的实践操作,激发学生学习的热情。

(3) 通过利用多种形式的学习资源,引导学生自主学习,进而培养学生分析处理问题和主动学习的能力。

**情感态度价值观:**

(1) 培养学生认真、严谨的学习态度。

(2) 充分调动学生的能动性,发挥团队的协作作用。

(3) 树立正确的学习观,养成良好的学习习惯,建立学习自信心。

## 二、任务描述

丰田卡罗拉汽车电动后视镜不能调整，需要对后视镜进行检测并排除故障。要完成该任务，首先应熟悉电动后视镜的功能，如果是机械故障必须熟练完成电动后视镜的拆装；如果是电路故障，必须掌握电动后视镜电路原理，能识别电动后视镜的电路图并在此基础上完成电路故障诊断与排除。

## 三、任务分析

电动后视镜在车检测包括控制开关的检测（选定左右调整开关的一侧）、控制线路检测（选定左侧或右侧后视镜）；要求对开关好坏做出正确判断，通过对线路的检测，判断电源线、搭铁线及电机连接线（包括电机线圈）的好坏。

## 四、相关知识链接

### （一）电动后视镜的功用

后视镜也称倒车镜，安装在汽车前部左右两侧车门上，如图 6-13 所示。后视镜的作用是供驾驶员观察汽车两侧及后方的车辆、行人及其他情况。后视镜应能根据不同驾驶员的要求进行调节，使后视镜处于适当位置。后视镜可采用手动调节和电动调节。采用电动调节的后视镜称为电动后视镜，操作十分方便。

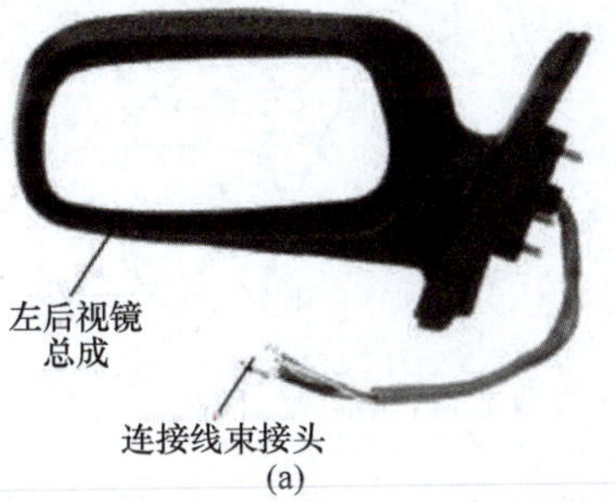


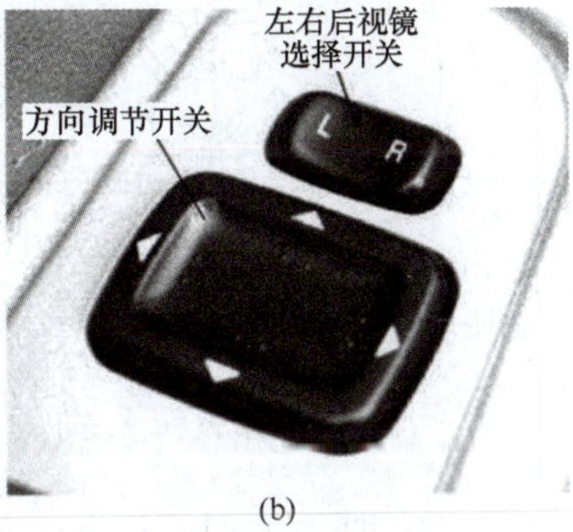


图 6-13 丰田卡罗拉后视镜与控制开关实物图

（a）电动后视镜总成 （b）控制开关

### （二）电动后视镜的结构

电动后视镜主要由镜面玻璃、双永磁式直流电动机、控制开关、传动机构及其壳体等组成。电动后视镜在车上的具体排列位置如图 6-14 所示，电动后视镜的内部结构如图 6-15 所示。

**1. 电动机**

电动后视镜的背后装有两套电动机和驱动器，可操纵反射镜上下及左右转动。通常上下方向的转动用一个电动机控制，左右方向的转动由另一个电动机控制。通过改变电动机的电流方向，即可完成后视镜的上下及左右调整。调节角度一般为 20°～30°。

**2. 控制开关**

电动后视镜开关包括选择开关和调节开关。选择开关用于选择左或右电动后视镜。调

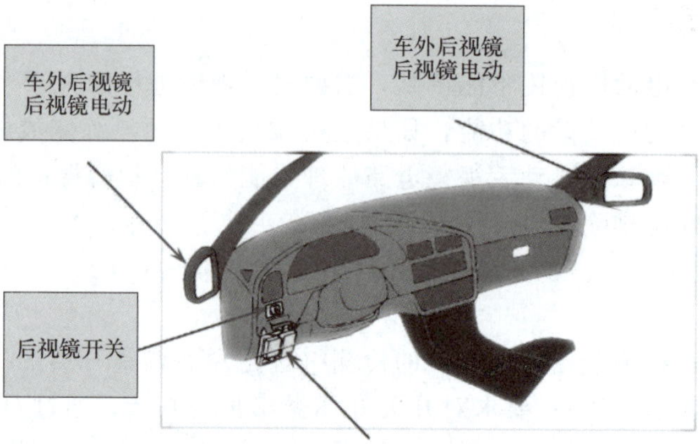


图 6-14　电动后视镜的位置图

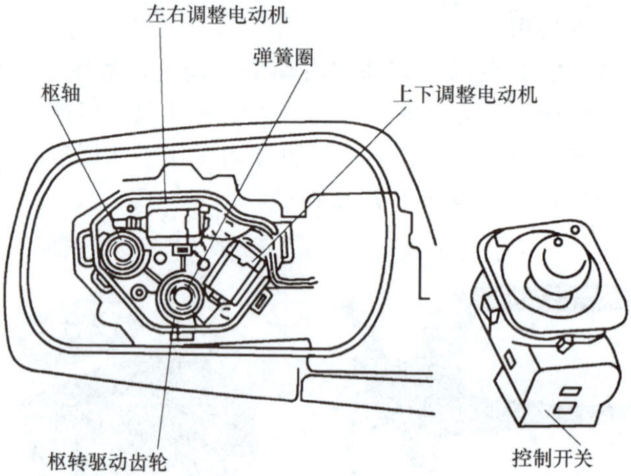


图 6-15　电动后视镜内部结构图

节开关控制电动后视镜的调节方向，如图 6-16 所示。当点火开关处于“ON”位置，先按下选择左右的开关，再控制调整后视镜镜面的调节开关，是镜面产生四种不同方向的调整。

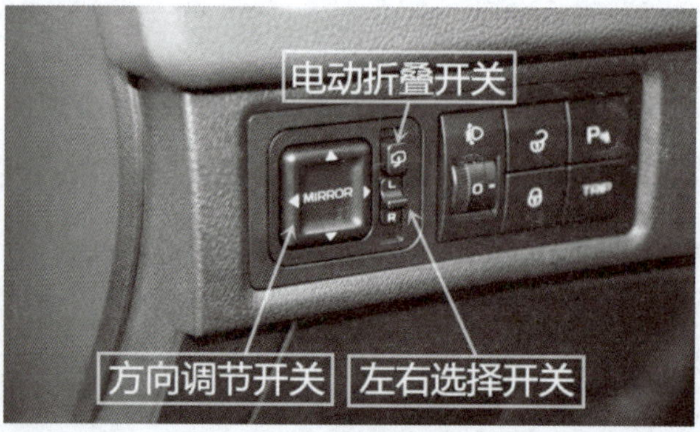


图 6-16　电动后视镜开关

### （三）电动后视镜的工作原理

丰田卡罗拉的电动后视镜电路原理图，如图 6-17 所示。其工作原理为（以左侧为例）：

向上调整：蓄电池正极—点火开关—向上按钮—左边调整开关—后视镜 7 号端子—左侧电动机 2 号端子—左侧电动机 1 号端子—后视镜 2 号端子—后视镜左上按钮—后视镜 3 号端子—接地。

向下调整：蓄电池正极—点火开关—向下按钮—左边调整开关—后视镜 7 号端子—左侧电动机 2 号端子—左侧电动机 1 号端子—后视镜 2 号端子—后视镜左上按钮—后视镜 3 号端子—接地。

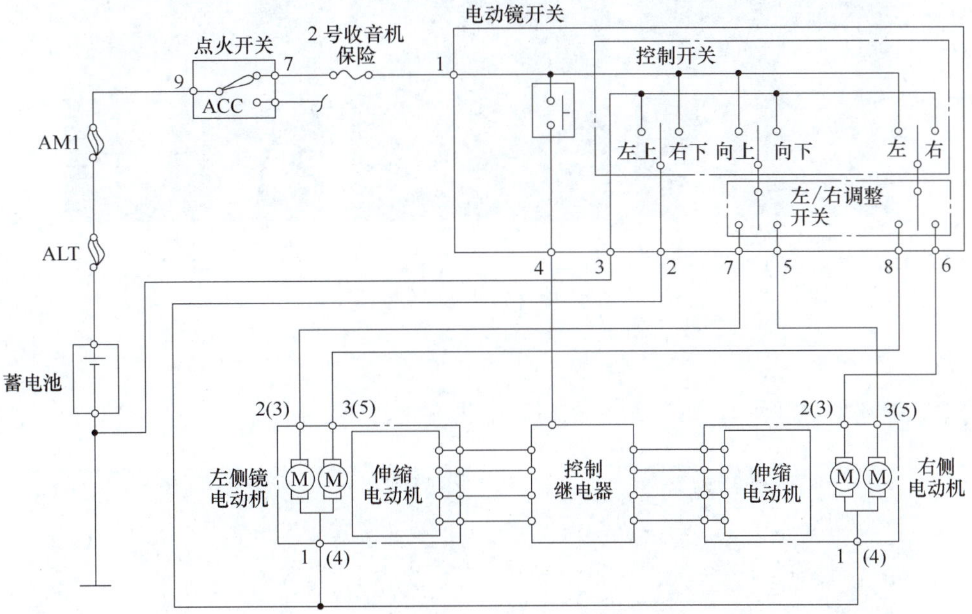


图 6-17　丰田卡罗拉后视镜电路

## 五、任务实施

### （一）控制线路的检测

#### 1. 电源线的检测

打开点火开关至“ON”挡，将万用表打至 20V 直流电压挡，将与万用表红表针链接好的诊断引线，分别插入 9 个端子，黑表笔搭在车身搭铁处，测得的灰色线（8）的端子电压为 11.90V，如图 6-18 所示，则可判断出电源线路正常。

#### 2. 搭铁线的检测

将万用表打至电阻挡，将与万用表红表针插入开关的另外 8 个端子，黑表笔搭在车身搭铁处，测得白色线、黑白线和深绿线跟地之间有电阻，如图 6-19 所示，则判断搭铁线路正常。

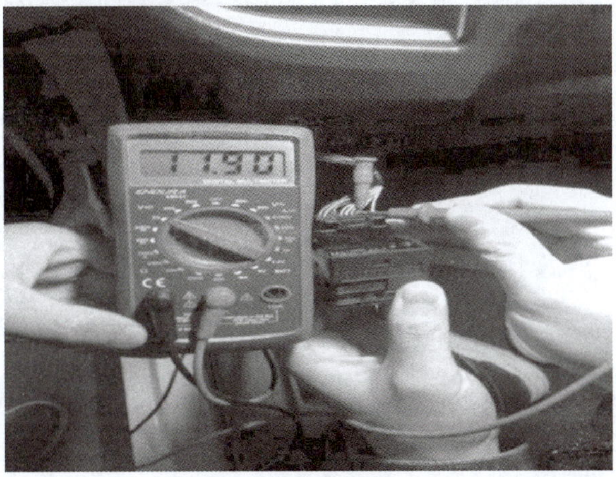

图 6-18　电源端子的检测

#### 3. 左右控制电机的检测

将万用表打至电阻挡，检测电动后视镜的左右电机（白线和黑线）（REMOTE CONTROL MIRROR SW5.2）控制端子，测的阻值为

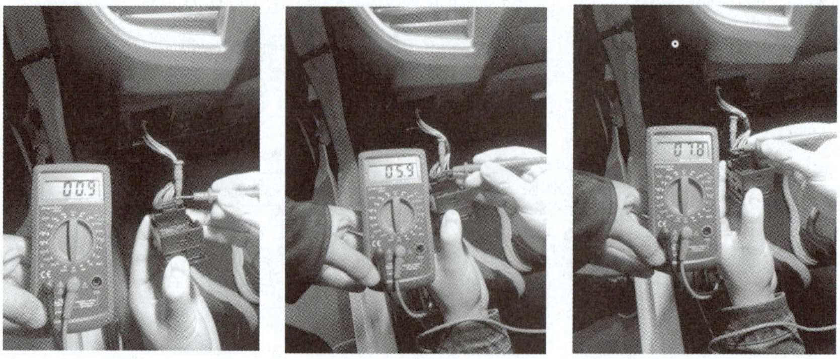

(a) (b) (c)

图 6-19　搭铁端子的检测

（a）白线端子　（b）白黑线端子　（c）深绿色端子

124.2Ω，如图 6-20 所示，则判断左右控制电机端子正常。

图 6-20　左右控制电机检测

**4. 上下控制电机的检测**

将万用表打至电阻挡，检测电动后视镜的左右电机（红线和黑线）（REMOTE CONTROL MIRROR SW3.4）控制端子，测的阻值为 74.2Ω，如图 6-21 所示，则判断上下控制电机端子正常。

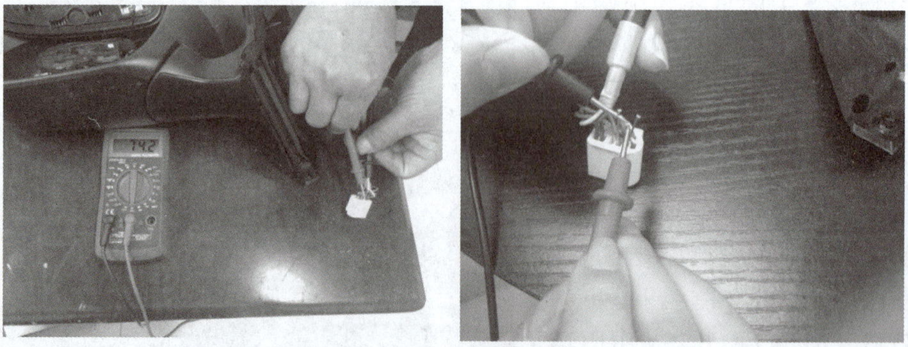

图 6-21　上下控制电机检测

## （二）控制开关的检测

### 1. 向上位置时的检测

打开点火开关至“ON”挡，将万用表打至20V直流电压挡，将与万用表红表针链接好的诊断引线，黑表笔搭铁，按住后视镜的开关“上”位置时，检测的7号蓝色端子的电压值为11.85V，如图6-22所示，则判断此端子为控制开关控制“上”端子正常。

### 2. 向下位置时的检测

打开点火开关至“ON”挡，将万用表打至20V直流电压挡，将与万用表红表针链接好的诊断引线，黑表笔搭铁，按住后视镜的开关“下”位置时，检测的6号蓝色端子的电压值为11.86V，如图6-23所示，则判断此端子为控制开关控制“下”端子正常。

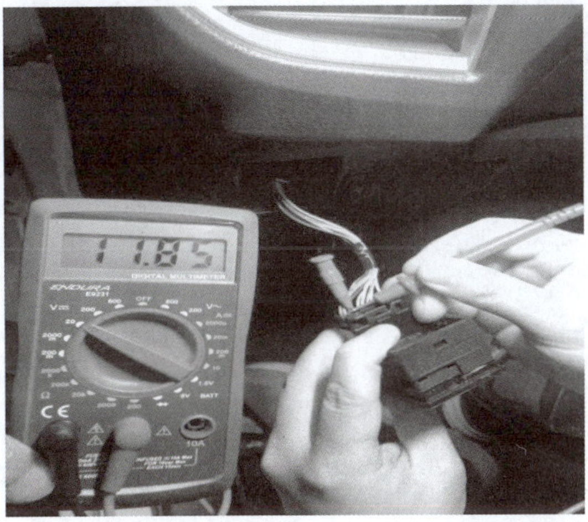

图6-22 控制开关“上”控制端子

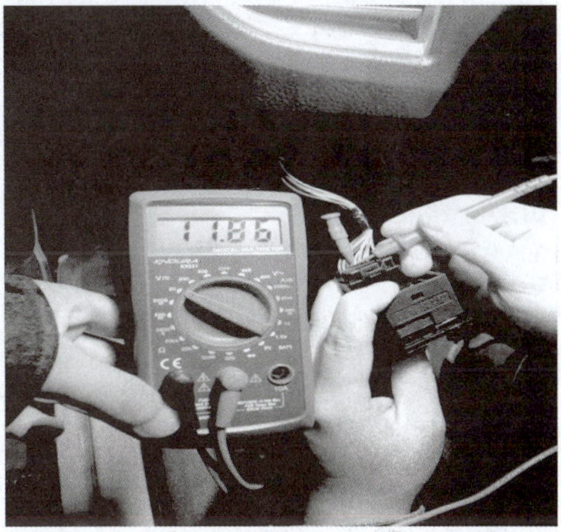

图6-23 控制开关“下”控制端子

### 3. 向左位置时的检测：

打开点火开关至“ON”挡，将万用表打至20V直流电压挡，将与万用表红表针链接好的诊断引线，黑表笔搭铁，按住后视镜的开关“左”位置时，检测的8号绿色端子的电压值为11.85V，如图6-24所示，则判断此端子为控制开关控制“左”端子正常。

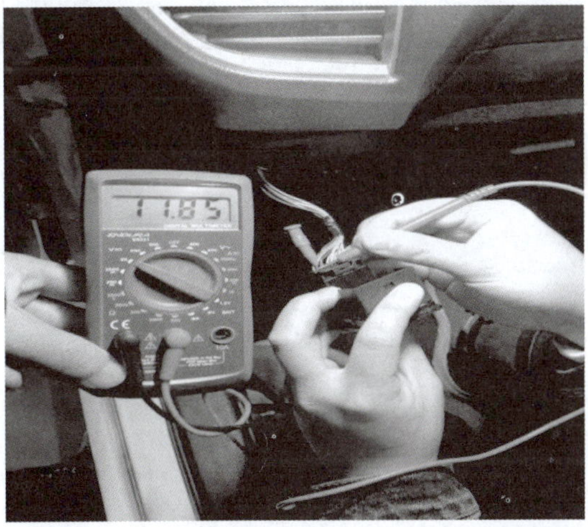

图6-24 控制开关“左”控制端子

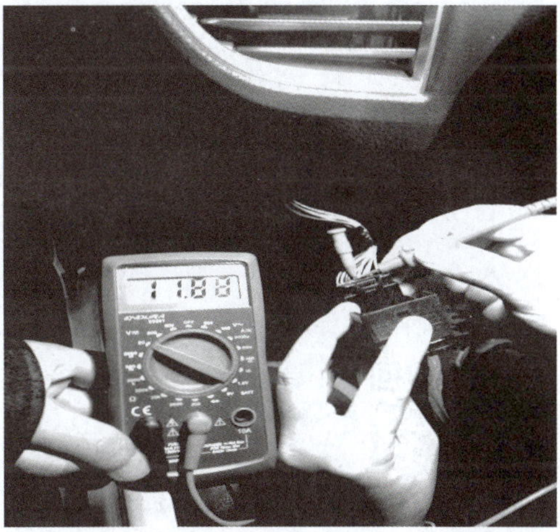

图6-25 控制开关“右”控制端子

**4. 向右位置时的检测：**

打开点火开关至“ON”挡，将万用表打至20V直流电压挡，将与万用表红表针链接好的诊断引线，黑表笔搭铁，按住后视镜的开关“右”位置时，检测的5号粉红色端子的电压值为11.88V，如图6-25所示，则判断此端子为控制开关控制“右”端子正常。

## 六、任务工单

电动后视镜在车检测操作工单

| | |
|---|---|
| 信息获取 | 车型 |
| 一、场地及设备初步检查(考前对场地安全和设备的检查及准备) | |
| (1)工量具检测准备 | 备注 |
| (2)仪器设备检查准备 | |
| (3)技术资料检查准备 | |
| 二、操作过程 | |
| 1. 控制线路检测<br>(1)电源线的测量值(请标注端子号):____________<br>正常 □　　不正常 □<br>(2)搭铁控制线的测量值(请标注端子号):____________<br>正常 □　　不正常 □<br>(3)上、下位置电机(L或R)连接线的测量值(请标注端子号):____________<br>正常 □　　不正常 □<br>(4)左、右位置电机(L或R)连接线测量值(请标注端子号):____________<br>正常 □　　不正常 □<br>2. 控制开关的检测<br>(1)向上位置时,测量值(请标注端子号)____________<br>正常 □　　不正常 □<br>(2)向下位置时,测量值(请标注端子号)____________<br>正常 □　　不正常 □<br>(3)向左位置时,测量值(请标注端子号)____________<br>正常 □　　不正常 □<br>(4)向右位置时,测量值(请标注端子号)____________<br>正常 □　　不正常 □ | |

# 任务四　中控门锁的检修

教学课件

中控门锁检修

## 一、任务目标

**知识与技能：**

(1) 熟悉丰田汽车中控门锁电路分析方法。

(2) 掌握汽车中控门锁电路线路连接方法。

(3) 掌握汽车中控门锁电路的检测方法。

**过程与方法：**

（1）通过小组合作、讨论，培养学生团队协作能力。学会连接中控门锁电路。

（2）通过直观的实践操作，激发学生学习的热情。

（3）通过利用多种形式的学习资源，引导学生自主学习，进而培养学生分析处理问题和主动学习的能力。

**情感态度价值观：**

（1）培养学生认真、严谨的学习态度。

（2）充分调动学生的能动性，发挥团队的协作作用。

（3）树立正确的学习观，养成良好的学习习惯，建立学习自信心。

## 二、任务描述

丰田卡罗拉汽车中控门锁实效，需要进行检查并排除故障。要排除此故障，要求首先应熟悉卡罗拉车型中控门锁电路，在此基础上完成电路故障诊断与排除。若是电器元件故障，应对中控门锁电路进行拆装及更换。

## 三、任务分析

电动门锁线路检测任务要求为控制开关的检测（包括驾驶员侧钥匙控制开关、驾驶室内主控开关）、门锁模块相关控制线路检测。要求对开关好坏做出正确判断，通过对线路的检测，正确判断电源线、搭铁线、开关控制线及电机连接线。可以查阅相关技术维修手册，在车检测。

## 四、相关知识链接

### （一）中控门锁的功能

中央门锁控制系统一般都具有以下几种功能：

（1）内外开启与内外锁止功能。

（2）中央控制锁止功能。

操纵门锁总开关，即可使所有门锁或行李箱锁同时锁止。在配装车速感应式门锁控制器和车身电控单元控制式中央门锁控制系统的汽车上，当车速传感器信号表示车速达到10～20km/h时，所有门锁与行李箱锁将自动锁止，防止发生意外和行李箱内物品丢失。

（3）后车门安全锁止功能，如图6-26所示。

（4）防驾驶人侧车门误锁功能。

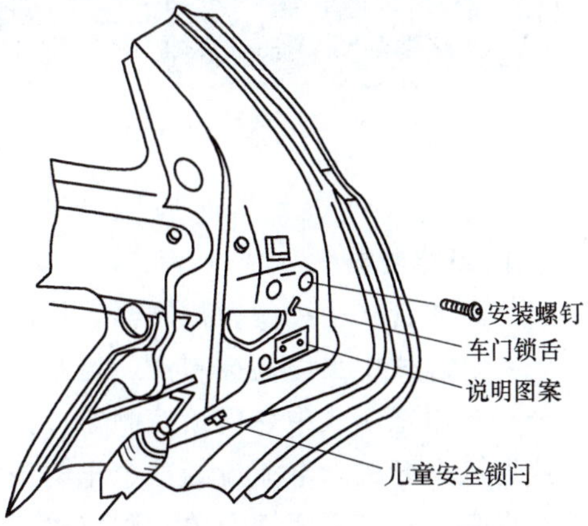


图6-26 后车门安全锁止功能

### （二）中央门锁控制系统的组成

电动门锁主要由钥匙、中控开关、四门

状态开关，行李箱锁电机及开关，四个门锁电机等组成，其车上安装位置图，如图 6-27 所示。

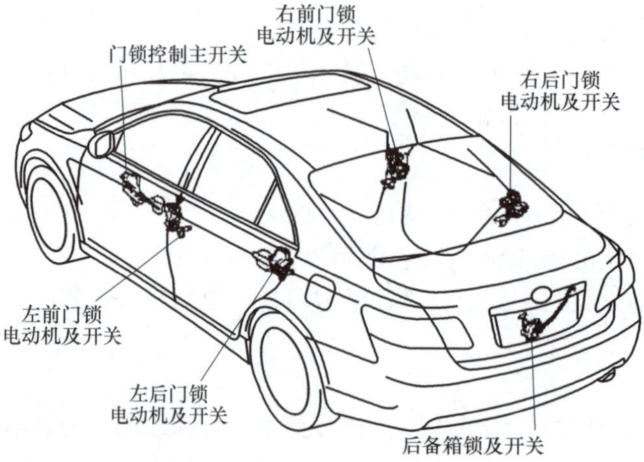


图 6-27　电动门锁安装位置

**1. 控制开关**

（1）门锁控制开关。安装在前左门扶手上的门锁控制总开关和左门锁控制开关，为杠杆型开关，如图 6-28 所示。

向后按门锁控制总开关是开门（所有车门都开锁），向前按门锁控制总开关是锁门（所有车门都上锁）；将左门锁控制开关推向前门是锁门，而推向后门是开门。

（2）钥匙控制开关。如图 6-29 所示，钥匙控制开关由车门钥匙和钥匙控制开关组成。

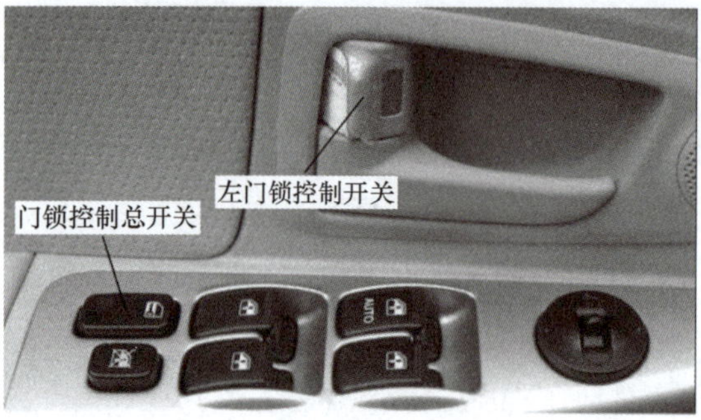


图 6-28　门锁控制开关

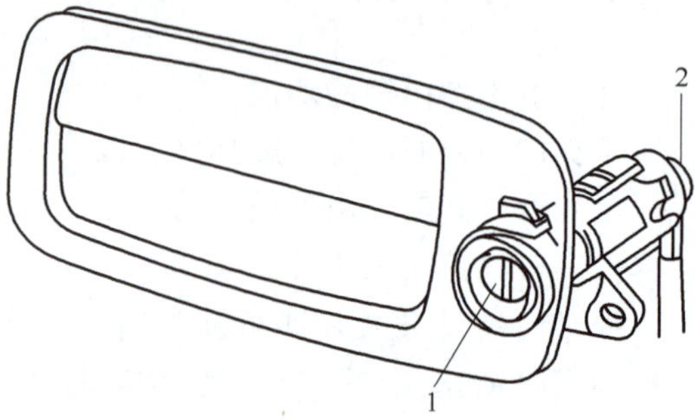


图 6-29　钥匙控制开关

1—车门钥匙　2—钥匙控制开关

**2. 门锁控制器**

（1）晶体管式中央门锁控制器，控制系统电路如图 6-30 所示。

（2）电容式中央门锁控制器，控制系统电路如图 6-31 所示。

（3）车速感应式中央门锁控制器，控制系统电路如图 6-32 所示。

接通点火开关，电流流经三个车门报警灯开关搭铁（此时若门锁未锁，则开关打开），报警灯点亮。若按下闭锁开关，则定时器使晶体管 $VT_2$ 导通。在 $VT_2$ 导通期间，闭锁继电器线圈 L1 通电，闭锁继电器常开触点闭合，门锁执行机构通过正向电流，车门闭锁。

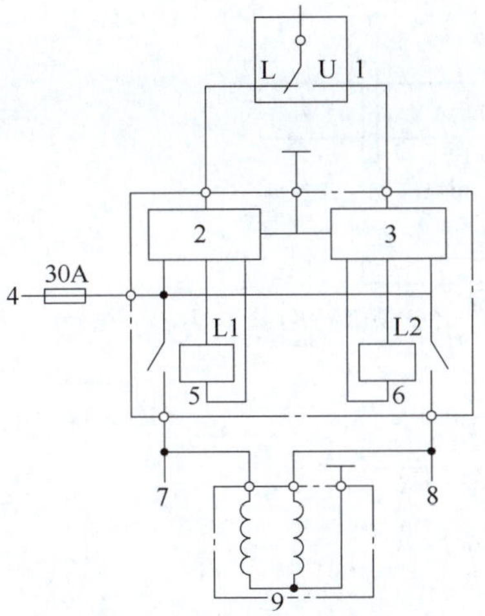


图 6-30　晶体管式中央门锁控制系统电路

1—门锁开关　2—锁门控制电路　3—开门控制电路　4—接电源　5—闭锁继电器　6—开锁继电器　7、8—接其他门锁　9—门锁执行机构（电磁式）L—闭锁　U—开锁

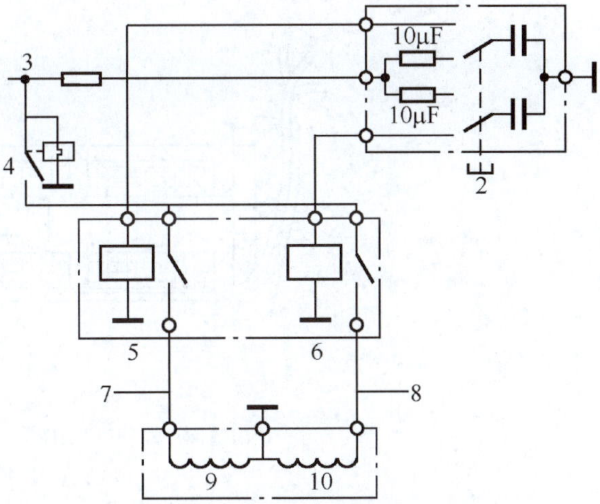


图 6-31　电容式中央门锁控制系统电路

1—电容器　2—门锁开关　3—接电源　4—热敏断路器　5—闭锁继电器　6—开锁继电器　7、8—接其他门锁　9、10—电磁式门锁执行机构

当按下开锁开关，则开锁继电器线圈 L2 通电，开锁继电器常开触点闭合，门锁执行机构通过反向电流，车门开锁。

若车门未闭锁，且行车速度低于 10km/h 时，置于车速表内的 10km/h 开关闭合，此时稳态电路不向 $VT_1$ 提供基极电流；当车速高于 10km/h 时，10km/h 开关断开，此时稳态电路给 $VT_1$ 提供基极电流，$VT_1$ 导通，定时器触发端经 $VT_1$ 和车门报警灯开关搭铁，就像按下闭锁开关一样，使车门闭锁，从而保证行车安全。

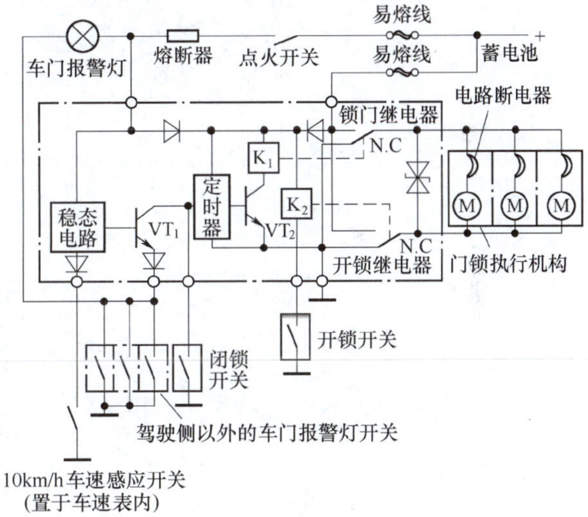


图 6-32　车速感应式中央门锁控制系统电路

**3. 门锁执行机构**

电动门锁执行机构主要有电动机式、电磁式、真空式和电子式 4 种，一般车辆上常采用电磁式或电动机式门锁执行机构。

（1）电磁式门锁执行机构。电磁式门锁执行机构工作原理如图 6-33 所示，其内部有两个电磁线圈，分别用于开启和关闭门锁。

当给锁门线圈通电时，衔铁带动连杆左移，即锁门；当给开锁线圈通电时，衔铁带动连杆右移，即开锁。

（2）电动机式门锁执行机构，如图 6-34 所示。结构与工作原理如图 6-35 所示。

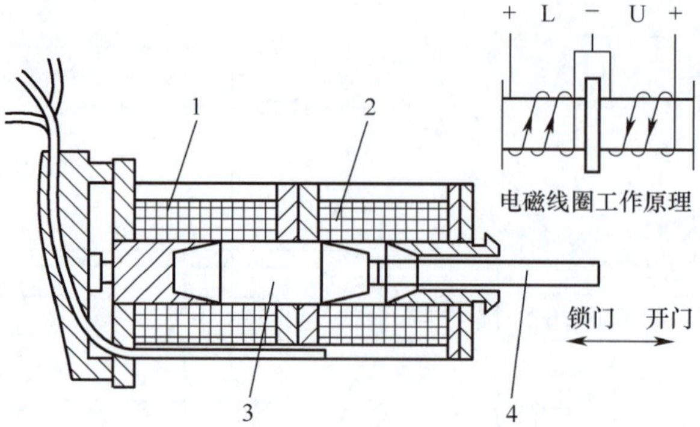


图 6-33 电磁式门锁执行机构工作原理图

1—锁门线圈 2—开门线圈 3—柱塞 4—连接门锁机构

L—锁门 U—开门

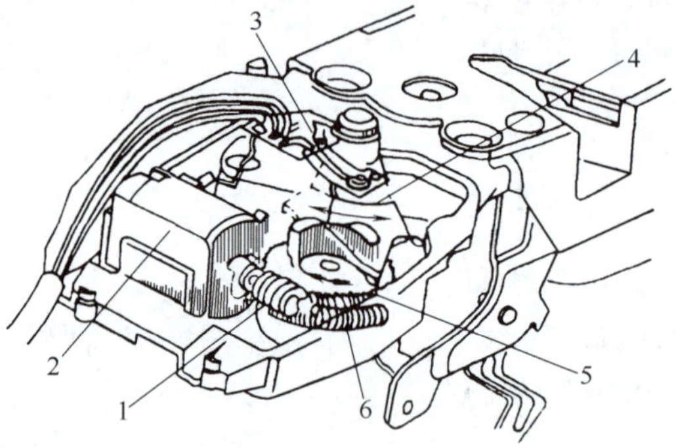


图 6-34 电动机式门锁总成

1—蜗杆 2—电动机 3—位置开关 4—锁柄 5—涡轮 6—弹簧

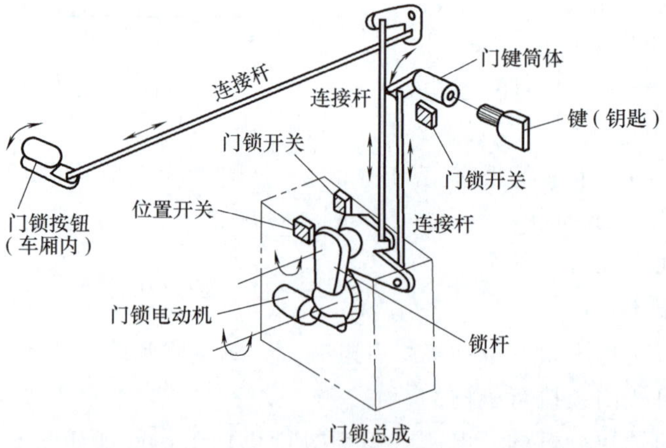


图 6-35 电动机式门锁执行机构结构与工作原理图

### （三）典型汽车中央门锁控制系统分析

中央门锁控制系统电路图如图 6-36 所示，将左前门门锁提钮压下，中控开关第 2 位触点被接通。

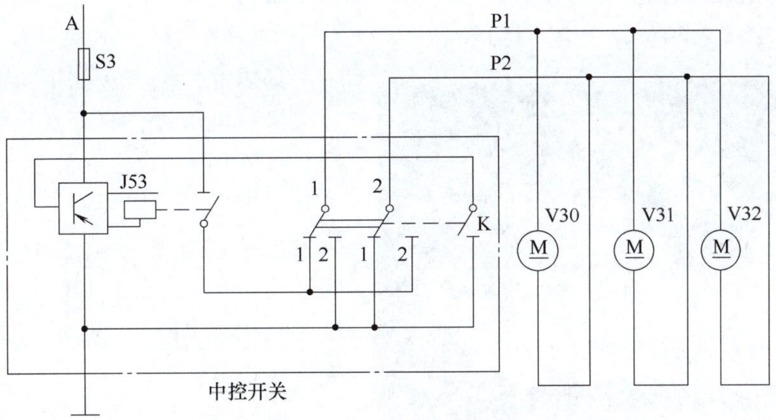


图 6-36　中央门锁控制系统电路图

S3—熔丝　P1、P2—内部电源线　J53—左前中控门锁控制器

V30、V31、V32—右前、右后、左后中控门锁电动机

由于提钮压下过程中，中控开关的附带的控制触点 K 已被短暂闭合过，故左前中控门锁控制器（J53）已使其触点闭合。这时 A 路电源经熔丝，并通过 J53 的闭合触点及中控开关第二掷第 2 位加至中控门锁内部电源线 P2；与此同时电源的负极经中控开关第一掷第 2 位加至中控门锁内部电源线 P1。

电动机 V30、V31 和 V32 反转，带动各自门锁锁闭。1～2s 后，J53 控制其已闭合的触点断开，从而切断了为电动机供电的 A 路电源，电动机停转，并一直保持此状态。若将左前门门锁操纵提钮拔起，中控开关第 2 位触点被断开，第 1 位触点闭合。在这一过程中，中控开关附带的控制触点 K 又被短暂闭合，从而使 J53 的触点再次闭合 1～2s。这时 A 路电源经 J53 的闭合触点和中控开关第一掷第 1 位加至内部电源线 P1；而电源的负极经中控开关第二掷第 1 位加至内部电源线 P2。内部电源的供电电压极性改变，电动机 V30、V31 和 V32 正转，带动各自的门锁开启。1～2s 后，J53 控制其已闭合的触点断开，电动机停转。

## 五、任务实施

- **电动门锁的检测**

### 1. 线路及控制开关的检测

实训车辆的驾驶员侧控制电动门锁的控制端子如图 6-37 所示。驾驶员侧主控制开关的端子有 6 个，分别为 1 个电源端子，1 个搭铁端子，2 个控制电机的端子，2 个控制门锁开关的端子。具体工作原理为（以驾驶员侧为例）：

车门开：①蓄电池正极—保险丝—点火开关—IG1RELAY1 端—IG1RELAY2 端—接地。

②蓄电池正极—保险—IG1RELAY5 端—IG1RELAY3 端—IG—D10 的 4 端—D10 的 1 端—D10 的 5 端—D10 的 6 端—接地。

车门关：①蓄电池正极—保险—点火开关—IG1RELAY1 端—IG1RELAY2 端—接地。

②蓄电池正极—保险—IG1RELAY5 端—IG1RELAY3 端—IG—D10 的 6 端—D10 的 5 端—D10 的 1 端—D10 的 3 端—接地。

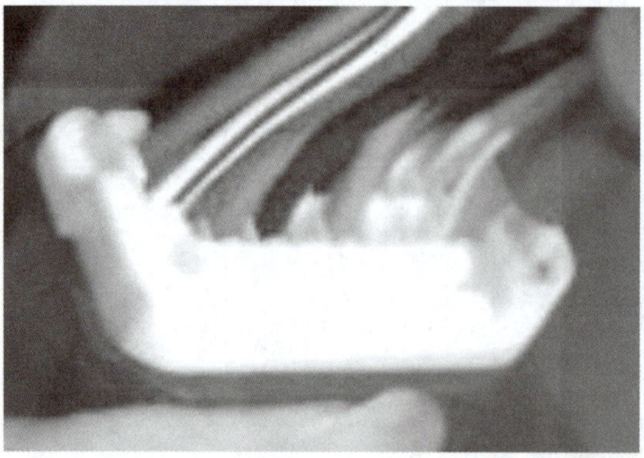

图 6-37　丰田卡罗拉实训车辆驾驶员侧门锁控制端子

具体的检测方法如下：

检测电源线：打开点火开关至“ON”挡，将万用表打至 20V 直流电压挡，将与万用表红表针连接好的诊断引线，分别插入主控制端子，黑表笔搭在车身搭铁处，测得的灰色线（IG）的端子电压为 11.86V，如图 6-38 所示。则可判断出电源线路正常。

检测搭铁线：将万用表打至导通挡，将与万用表红表针插入开关的另外五个端子，黑表笔搭在车身搭铁处，测得黑白线（E）跟地之间的电阻为 1Ω 左右，如图 6-39 所示。则判断搭铁线路正常。

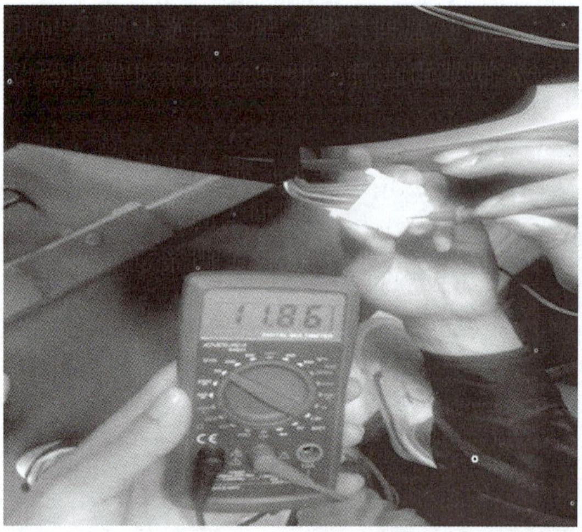


图 6-38　电源线路检测

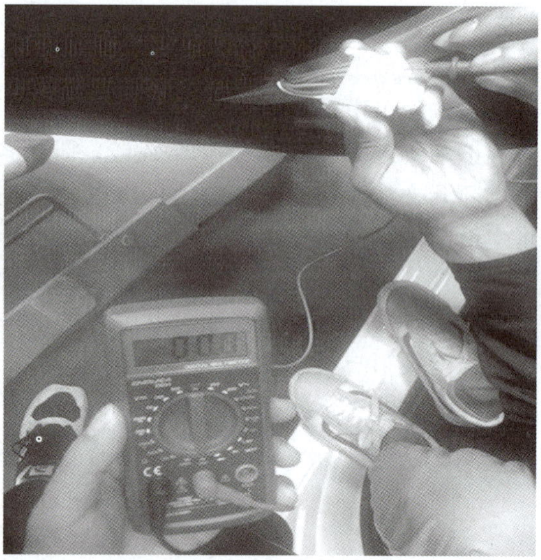

图 6-39　搭铁线路检测

主控开关“锁”位置控制线：打开点火开关至“ON”挡，将万用表打至 20V 直流电压挡，将与万用表红表针连接好的诊断引线，分别插入主控制端子，黑表笔搭在车身搭铁处，按动“锁”位置控制开关后，测得的蓝色线（D10 的 3 端）的端子电压为 1.79V，如图 6-40 所示。则可判断出蓝色线为控制锁位置的一个端子；将万用表打至导通挡，用红表笔接蓝色端子，黑表笔接另外几个端子，测得有且只有红色和蓝色端子在按动“锁”位置开关时有电阻的变化，测量值如图 6-41 所示。则判断，红色和蓝色为控制“锁”位置端子，则判断线路正常。

主控开关“开”位置控制线：打开点火开关至“ON”挡，将万用表打至 20V 直流电压挡，将与万用表红表针连接好的诊断引线，分别插入主控制端子，黑表笔搭在车身搭铁

图 6-40　“锁”位置控制端子电压测量值

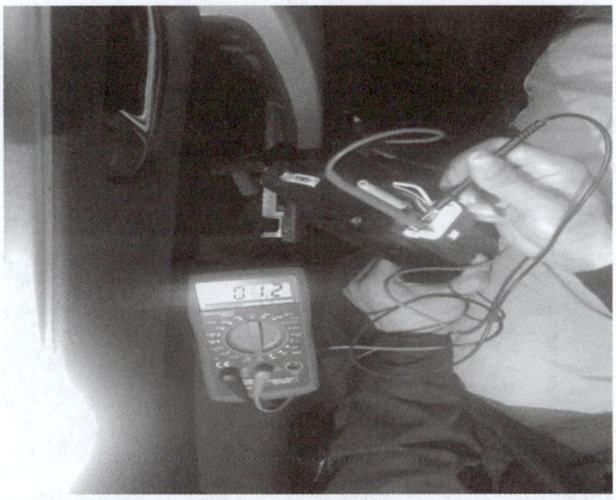

图 6-41　“锁”位置控制端子电阻测量值

处，按动“开”位置控制开关后，测得的黄色线（D10 的 4 端）的端子电压为 1.67V，如图 6-42 所示。则可判断出黄色线为控制开位置的一个端子；将万用表打至导通挡，用红表笔接黄色端子，黑表笔接另外几个端子，测得有且只有黄色和黑色端子在按动“开”位置开关时有电阻的变化，测量值如图 6-43 所示。则判断，黄色和黑色为控制“开”位置端子，则判断线路正常。

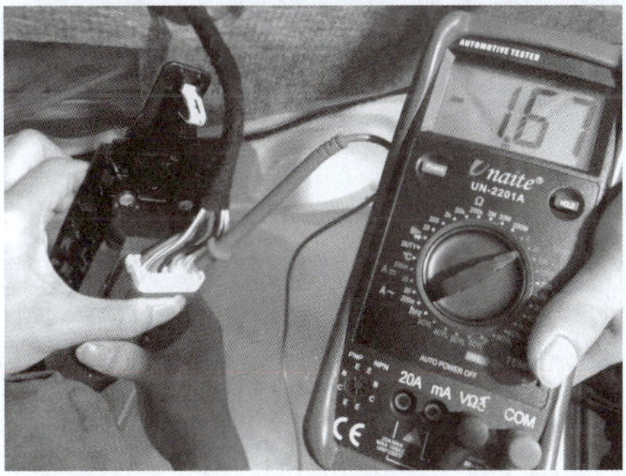


图 6-42　“开”位置控制端子电压测量值

门锁电机检测：通过检测主控开关，判断出控制“锁”和“开”的控制端子分别为红色（D10 的 6 端）和黑色（D10 的 5 端），因此用万用表导通挡，测量红色和黄色两端的电阻值，测量值为 1.0Ω，如图 6-44 所示，从而判断电机两端控制线路正常。

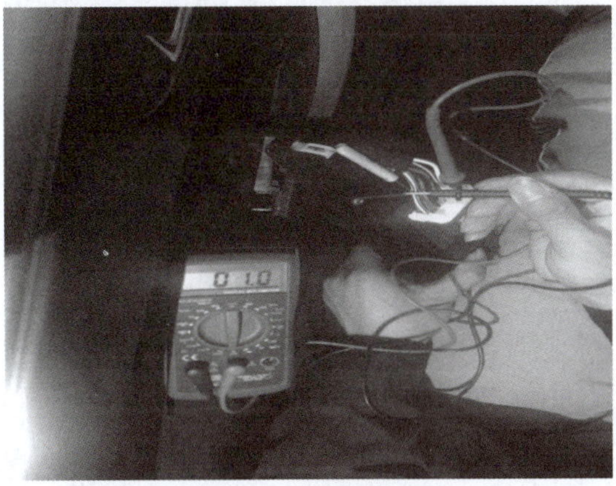

图 6-43　“开”位置控制端子电阻测量值

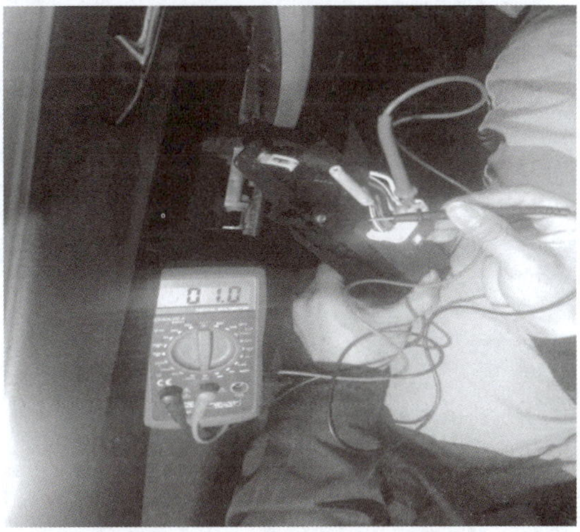

图 6-44　门锁电机的电阻测量值

**2. 主控开关的检测**

“锁”位置时的检测：通过控制线路的检测，只需要检测红色和蓝色对应的主控开关端子的导通性，即可判断主控开关控制“锁”位置的正常，如图 6-45 所示。

“开”位置时的检测：通过控制线路的检测，只需要检测黄色和黑色对应的主控开关端子的导通性，即可判断主控开关控制“开”位置的正常，如图 6-46 所示。

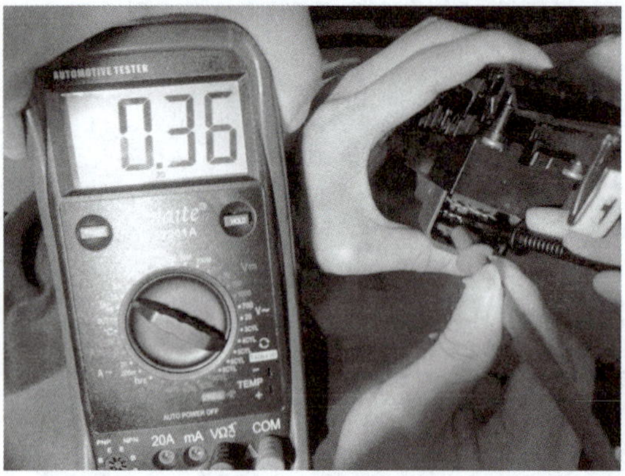

图 6-45　“锁”位置导通性测量

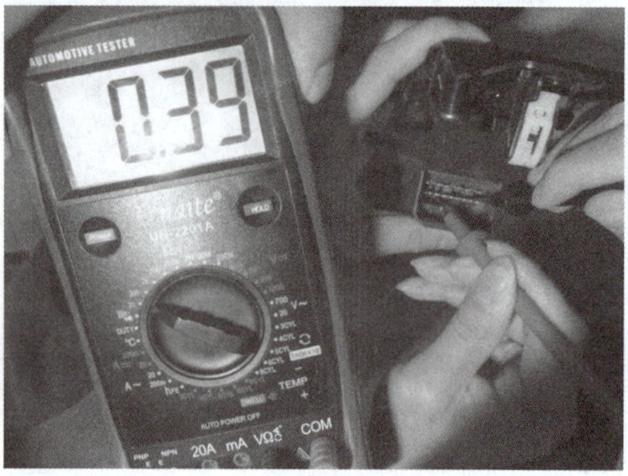

图 6-46　“开”位置导通性测量

**3. 钥匙控制开关的检测**

电动门锁用钥匙控制门锁的开关，需检测门锁电机控制端子，从而判断控制“开”和“锁”位置端子，即可判断用钥匙控制开关的好坏。

“锁”位置时的检测：用万用表 20V 直流电压挡，将红表笔接住电机控制端子的任一端子，黑表笔车身搭铁，用钥匙锁车门时，有电压的跳动，即可判断钥匙控制锁位置端子，如图 6-47 所示，从图上看，红色线端子的电压为 10.82V，即可判断钥匙开关控制“锁”位置的正常。

“开”位置时的检测：用万用表 20V 直流电压挡，将红表笔接住电机控制端子的任一

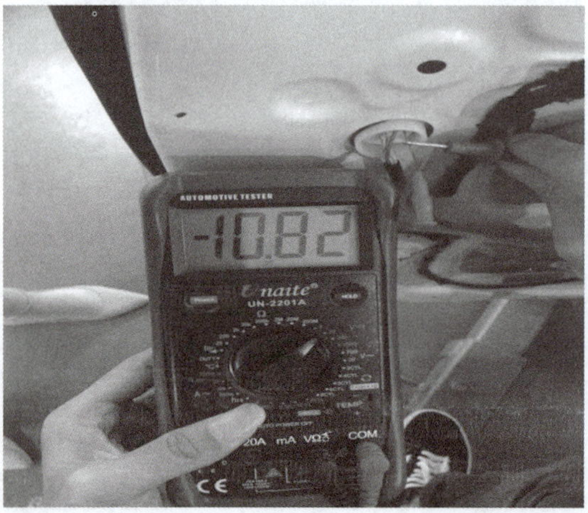

图 6-47　钥匙控制“锁”位置端子电压测量值

图 6-48　钥匙控制“开”位置端子电压测量值

端子，黑表笔车身搭铁，用钥匙锁车门时，有电压的跳动，即可判断钥匙控制开位置端子，如图 6-48 所示，从图上看，黄色线端子的电压为 9.56V，即可判断钥匙开关控制“开”位置的正常。

## 六、任务工单

**电动门锁线路检测操作工单**

| 信息获取 | 车型 |
|---|---|
| 一、场地及设备初步检查(考前对场地安全和设备的检查及准备) | |
| (1)工量具检测准备 | 备注 |
| (2)仪器设备检查准备 | |
| (3)技术资料检查准备 | |
| 二、操作过程 | |
| 1. 控制线路检测<br>(1)电源线的测量值(请标注端子号)：__________<br>正常 □　　不正常 □<br>(2)搭铁控制线的测量值(请标注端子号)：__________<br>正常 □　　不正常 □<br>(3)主控开关“锁”位置控制线的测量值(请标注端子号)：__________<br>正常 □　　不正常 □<br>(4)主控开关“开”位置控制线的测量值(请标注端子号)：__________<br>正常 □　　不正常 □<br>(5)门锁电机阻值(请标注端子号)：__________<br>正常 □　　不正常 □<br>2. 主控开关的检测<br>(1)“锁”位置时的测量值(请标注端子号)：__________<br>正常 □　　不正常 □<br>(2)“开”位置时的测量值(请标注端子号)__________<br>正常 □　　不正常 □<br>3. 钥匙控制开关的检测<br>(1)“锁”位置时的测量值(请标注端子号)：__________<br>正常 □　　不正常 □<br>(2)“开”位置时的测量值(请标注端子号)__________<br>正常 □　　不正常 □ | |

# 项目七

# 汽车仪表与报警系统检修

## 任务一　汽车仪表系统的检修

教学课件

仪表与报警系统结构认知

### 一、任务目标

**知识与技能：**

（1）学会使用汽车组合仪表系统各项功能。

（2）掌握汽车组合仪表常见故障的检修。

（3）汽车组合仪表系统各组成部分的功能与显示信息内容。

（4）汽车组合仪表系统的基本原理。

**过程与方法：**

（1）通过小组合作、讨论，培养学生团队协作能力。

（2）通过直观的实践操作，激发学生学习的热情。

（3）通过利用多种形式的学习资源，引导学生自主学习，进而培养学生分析处理问题和主动学习的能力。

**情感态度价值观：**

（1）培养学生认真、严谨的学习态度。

（2）充分调动学生的能动性，发挥团队的协作作用。

（3）树立正确的学习观，养成良好的学习习惯，建立学习自信心。

### 二、任务描述

如图 7-1 所示，丰田卡罗拉汽车仪表盘右方是车速表和燃油表，车速表使用的是电子车速表，常见的一种是从变速器上的速度传感器获取信号。行驶过程中，该车驾驶员反映仪表板的燃油表指示有不正常的波动现象，时好时坏，因而担心长途旅行时燃油计量不准确而可能抛锚，希望解决这一问题。

### 三、任务分析

汽车组合仪表包括燃油表在内的众多仪表和指示灯，它们可以为驾驶员提供各种各样的汽车参数信息，提醒司机注意各种警示信息或者汽车故障。本任务是解决汽车组合仪表显示故障，那么必须在了解各仪表的名称和作用的基础上进行分析和判断。

图 7-1 丰田卡罗拉汽车仪表盘

## 四、相关知识链接

教学视频

组合仪表的认知

### （一）汽车仪表概述

2017 款丰田卡罗拉汽车仪表盘图解：复位按钮可以切换里程表“ODO”，里程表 A 短距离里程表 B“TRIP A”/“TRIP B”，当前燃油消耗以“L/100 km”为单位，平均燃油消耗显示“AVG”，可继续行驶距离“RANGE”等信息。当里程表显示页面或平均油耗显示页面时，长按即可以清零。

不同汽车的组合仪表中仪表个数不同，一般仪表板上主要仪表有燃油表、冷却液温度表、发动机转速表和车速里程表等。仪表板上还有许多指示灯、报警灯、仪表照明灯和时钟显示等。2017 款丰田卡罗拉仪表盘如图 7-2 所示：①转速表：显示发动机每分钟的转速。②多信息显示屏：向驾驶员提供各种与驾驶相关的数据。③车速表。④短距离里程表复位按钮：切换行程信息。⑤燃油表。⑥车外温度。⑦里程表和短距离里程表显示；里程表：显示车辆已行驶的总距离；短距离里程表：显示上次短距离里程表复位后车辆已行驶的距离。短距离里程表“A”和“B”可分别用来记录和显示不同的里程。⑧挡位和挡域：显示所选挡位或挡域。⑨发动机冷却液温度表：显示发动机冷却液温度。⑩“DISP”开关：切换驾驶信息。

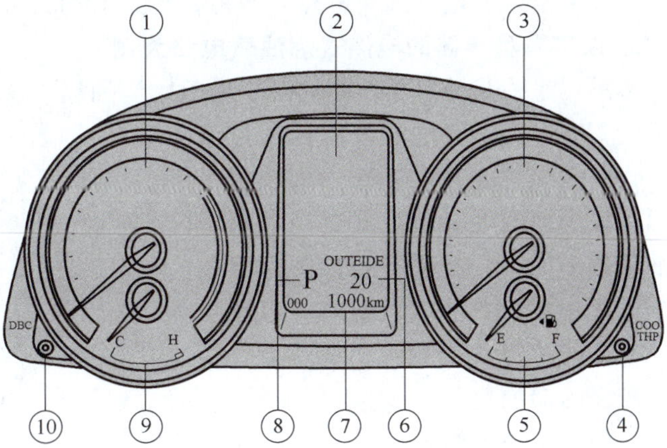


图 7-2 2017 款丰田卡罗拉汽车组合仪表的组成

### （二）组合仪表系统的结构

#### 1. 水温表功用

水温表功用：水温表用来指示发动机冷却液工作温度。

水温表的工作电路组成：由水温表和水温表传感器两部分组成，如图 7-3 所示。水温表安装在组合仪表内，水温传感器安装在发动机气缸盖的冷却水套上。电热式水温表又称双金属片式水温表，电热式水温表可与电热式水温传感器或热敏电阻式水温传感器配套使用。传感器是一只随温度变化呈负系数变化的热敏电阻。

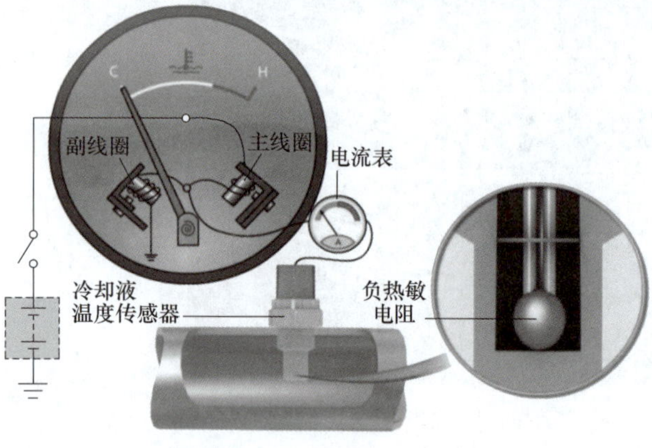

图 7-3 水温表的结构

**2. 工作原理**

水温表的工作电路工作原理：组成当发动机冷却液温度较低时，传感器电阻值增大，通过电流的平均值减少，指示表中双金属片弯曲变形小，指针指向低温。当发动机冷却液温度升高时，传感器电阻值减少，通过电流的平均值增大，指示表中双金属片弯曲变形增大，指针指向高温。

**（三）燃油表**

**1. 燃油表功用**

指示汽车燃油箱内储存燃油量的多少。

**2. 燃油表电路组成**

它由装在仪表板上的燃油指示表和装在燃油箱内的传感器两部分组成，如图 7-4 所示。燃油指示表有电磁式和电热式两种，传感器均为可变电阻式。

**3. 以带有稳压器的电热式燃油表电路为例**

传感器是一只受浮子控制的可变电阻。当油箱中燃油量减少时，浮子下降，传感器阻值增大，通过指示表电热线圈中的电流减少，双金属片弯曲变形小，带动指针指示出较少的储油量值。反之当油箱中燃油量较多时，浮子上升，传感器阻值减少，通过指示表电热线圈中的电流增大，双金属片弯曲变形大，带动指针指示出较多的储油量。

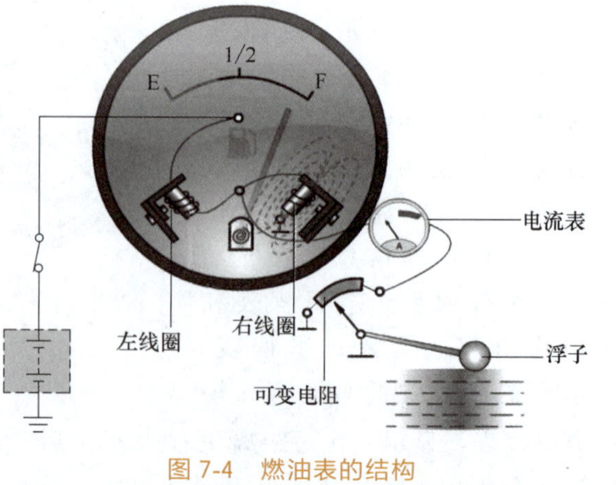

图 7-4 燃油表的结构

**（四）车速里程表**

**1. 作用与组成**

如图 7-5 所示，此仪表用于显示车速和已走过的里程。已走过的里程以千米（km）为单位，在有些车型中里程以英里（mi）为单位。

车速里程表是用来指示汽车行驶速度和累计汽车行驶里程数的仪表，它由车速表和里程表两部分组成。下面的里程表用于显示汽车总行驶里程以公里或英里为单位，上面的里程表用于显示里程表最后一次复位后走过的里程借此可以测量短距离里程。

**2. 工作原理**

车速传感器由变速器输出轴驱动，能够产生正比于汽车行驶速度的电信号，如图 7-5 所示。它由一个干簧开关和一个含有四对磁极的转子组成。变速器输出轴带动转子每转一周，干簧开关中的触点闭合 8 次，产生 8 个脉冲信号，汽车每行驶 1km，车速传感器将输出 4127 个脉冲。

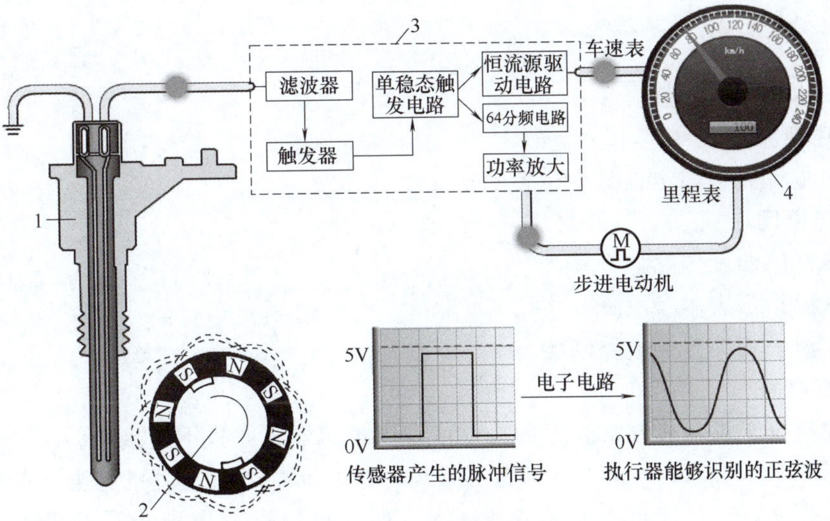


图 7-5　车速里程表的结构

1—车速传感器　2—转子　3—电子电路　4—车速里程表

## （五）发动机转速表

**1. 作用与组成**

发动机转速表用来测量发动机曲轴的转速，它由安装在仪表板内的转速指示表和安装在发动机皮带轮处的转速传感器（也称为曲轴位置传感器）等组成，如图 7-6 所示。

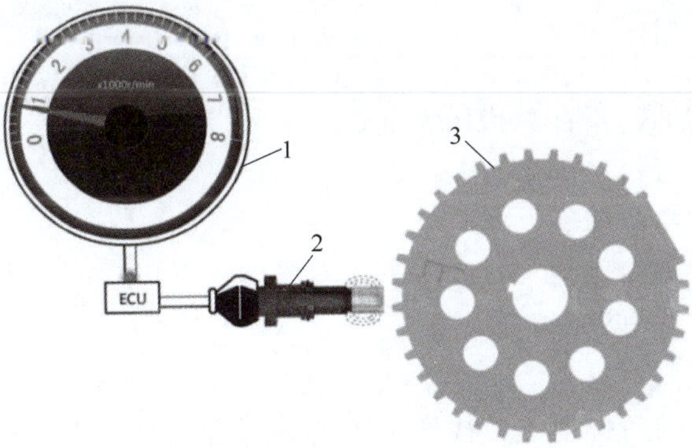


图 7-6　发动机转速表

1—发动机转速表　2—曲轴位置传感器　3—信号转子

转速表按其转速信号获取方式的不同可分为：从点火系统获取信号的转速表；测取飞轮、正时齿轮或曲轴转速的转速表；从发电机上获取转速信号的转速表。

**2. 工作原理**

当发动机运转时，转速传感器的信号转子随曲轴一起转动，使曲轴位置传感器产生随转速变化而变化的电压信号，并将该信号传输到发动机 ECU（电脑），ECU 将该信号经过处理后，向转速指示表输出一个与转速成正比的频率信号，转速指示表内部的电子电路便驱动转速表指针偏转，从而指示相应的转速。

发动机转速表指针示值“×1000r/min”，表示每分钟发动机转速。使用转速表能使驾驶员正确地选择换挡时机、防止发动机超速运转。

## 五、任务实施

### （一）水温表的检修

**1. 故障现象**

水温表指针一直固定在某个位置不动。

**2. 故障原因**

（1）冷却液温度传感器损坏。

（2）水温指示表本身故障。

（3）水温表相关连接电路断路。

**3. 检修思路**

（1）找到位于发动机气缸盖上的冷却液温度传感器，并拔下连接器。

（2）用一个试灯（2～5W）一端连接冷却液温度传感器连接器的针脚（单线传感器），试灯另一端搭铁，然后将点火开关置于 ON，观察水温指示表指针是否摆动；若指针摆动，则说明冷却液温度传感器损坏，需更换；若指针不动，进行下一步诊断。

（3）从仪表台上拆卸仪表板，不拔下仪表板的连接线。

（4）从仪表板连接器的众多线路中找到连接到冷却液温度传感器的线路。

（5）将试灯一端搭铁，另一端接冷却液温度传感器线路的端子上，将点火开关置于 ON，观察水温表指针是否摆动，若指针不动，说明水温指示表损坏，需更换水温指示表或组合仪表总成；若指针摆动，说明水温指示表到传感器线路断路。

### （二）燃油表的检修

**1. 故障现象**

油箱内无论多少燃油，指针总指示无油。

**2. 故障原因**

（1）燃油指示表本身故障。

（2）燃油量传感器损坏。

（3）燃油表相关连接电路断路。

**3. 检修思路**

（1）拆下驾驶室内的后排坐垫，找到位于坐垫下方的燃油泵和燃油量传感器连接器，并拔下连接器。

（2）在燃油泵和燃油量传感器连接器的 4 个端子中找到通往燃油量指示表的端子（燃油泵的两个端子一般较粗，燃油量传感器的端子一般较细）。

（3）用一个试灯（2～5W）一端连接通往燃油量指示表的端子，试灯另一端搭铁，然后将点火开关置于 ON，观察燃油指示表指针是否摆动；若指针摆动，则说明燃油量传感器损坏，需更换；若指针不动，进行下一步诊断。

(4) 从仪表台上拆卸仪表板，不拔下仪表板的连接线。

(5) 从仪表板连接器的众多线路中找到连接到燃油量传感器的线路。

(6) 将试灯一端搭铁，另一端接燃油量传感器线路的端子上，将点火开关置于ON，观察燃油表指针是否摆动，若指针不动，说明燃油指示表损坏，需更换燃油指示表或组合仪表总成；若指针摆动，说明燃油指示表到传感器线路断路。

## 六、任务工单

**汽车仪表系统检测工单**

| 信息获取 | 车型 |
|---|---|
| 一、场地及设备初步检查（考前对场地安全和设备的检查及准备） | |
| (1)工量具检测准备 | 备注 |
| (2)仪器设备检查准备 | |
| (3)技术资料检查准备 | |
| (4)汽车停放位置检查 | |
| (5)放置车轮三角块 | |
| (6)连接尾气抽排管 | |
| (7)放置方向盘套和脚垫 | |
| (8)放置发动机及翼子板罩 | |
| (9)发动机机油、冷却液检查 | |
| (10)蓄电池状况检查 | |
| 二、故障诊断 | |
| 1. 记录检测步骤<br><br><br>2. 记录检测数据<br><br><br>3. 检测结果分析 | |

# 任务二 汽车报警系统的检修

## 一、任务目标

**知识与技能：**

（1）熟悉丰田汽车报警系统电路分析方法。

（2）掌握汽车报警系统电路线路连接方法。

（3）掌握汽车报警系统的检测方法。

**过程与方法：**

（1）通过小组合作、讨论，培养学生团队协作能力。学会连接报警系统电路。

（2）通过直观的实践操作，激发学生学习的热情。

（3）通过利用多种形式的学习资源，引导学生自主学习，进而培养学生分析处理问题和主动学习的能力。

**情感态度价值观：**

（1）培养学生认真、严谨的学习态度。

（2）充分调动学生的能动性，发挥团队的协作作用。

（3）树立正确的学习观，养成良好的学习习惯，建立学习自信心。

## 二、任务描述

汽车的品牌和种类繁多，报警灯系统的组成和数量也不等，其安装位置、接线方式、接线方法也各有差异。不论是国产汽车还是进口汽车，其报警灯系统都遵循一定规律。

## 三、任务分析

报警装置由报警灯和报警开关组成，当被检测的系统或总成工作不正常时，开关自动接通而使报警灯发亮，以提醒驾驶员注意，如水温报警灯、机油压力报警灯、燃油不足报警灯、气压不足报警灯、制动灯断线报警灯、液面过低报警灯等。本任务学习汽车报警灯系统各部件的组成、原理及检修方法，掌握汽车报警灯系统各部件拆装、保养及检修。

## 四、相关知识链接

### （一）水温过高报警

水温过高报警灯电路，如图 7-7 所示，其报警开关为双金属片式温度开关。当冷却水温正常时，双金属片几乎不变形，触点分开，报警灯不亮。如果冷却水温升高到 95～105℃时，双金属片由于温度升高而弯曲变形，使触点闭合，红色报警灯便通电发亮，提醒驾驶员采取适当降温措施。

### （二）机油压力过低报警

如图 7-8 所示，为机油压力过低报警灯电路。其报警灯开关为盒形，内有管形弹簧，管形弹簧一端经管接头通润滑系主油道，另一端焊有活动触点，固定触点经接触片与接线拄相连。

当机油压力低于某一定值时（一般为 0.03～0.15MPa），管形弹簧呈向内弯曲状态，于是触点闭合，电路接通。报警灯发亮，告示驾驶员应及时将发动机熄火，检查机油压力过低的原因，排除故障。当机油压力恢复正常值时，管形弹簧变形大，触点张开，报警灯熄灭。

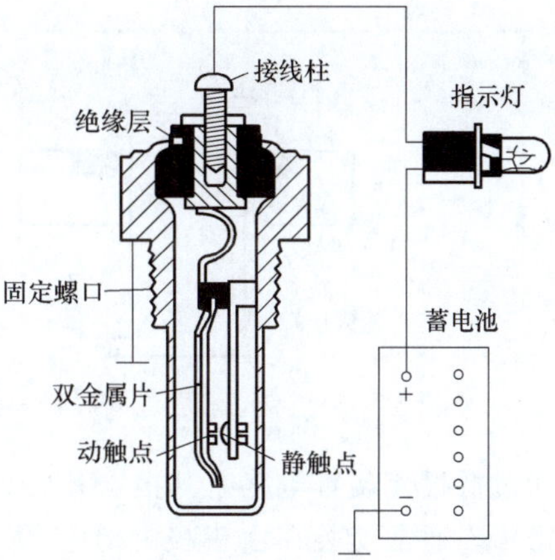

图 7-7 水温过高报警灯电路图

## （三）燃油量不足报警

燃油量不足报警灯电路，如图 7-9 所示。其报警开关为热敏电阻式，装在油箱内。当油箱内燃油量多时，负温度系数的热敏电阻元件浸没在燃油中散热快，温度较低，电阻值较大。因此电路中几乎没有电流，报警灯不亮。而当燃油量减少到规定值以下时，热敏电阻元件露出油面，散热较慢，温度升高，电阻值减小，电路中电流增大，于是报警灯发亮，提醒驾驶员应及时加注燃油。

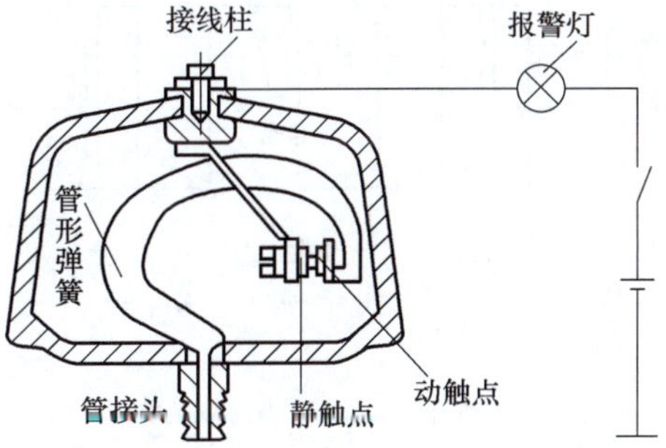

图 7-8 机油压力过低报警灯电路图

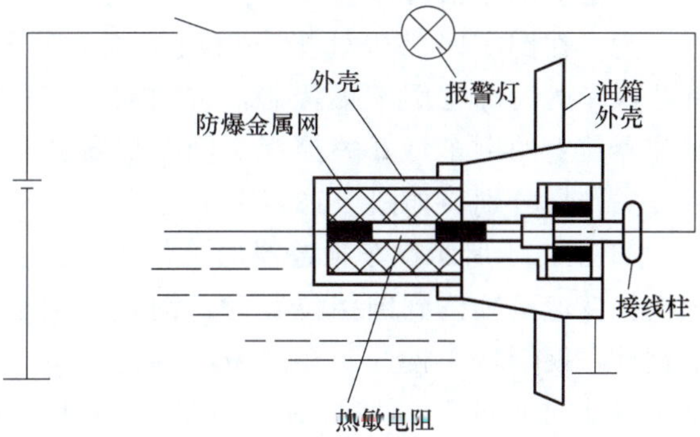

图 7-9 燃油量不足报警灯电路图

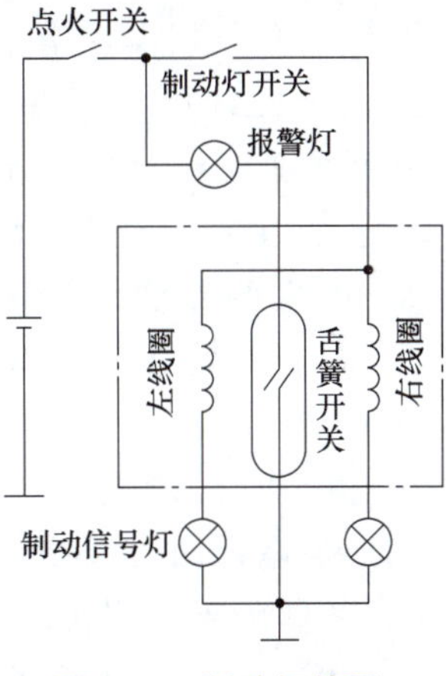

图 7-10 制动灯信号断线报警装置

## （四）制动灯断线报警

制动灯断线报警灯电路，如图 7-10 所示。在正常情况下制动时，踩下制动踏板，制动灯开关接通，电流分别流经左右两电磁线圈，使左右制动信号灯亮。此时，两线圈所产生的磁场相互抵消，舌簧开关触点断开，报警灯不亮。若左（或右）制动信号灯线断路或灯丝烧断时进行制动，则左（或右）电磁线圈无电流通过，而通电的线圈所产生的电磁吸力吸动干簧开关触点闭合，报警灯发亮，表示制动灯电路有断路故障。

## （五）冷却水、制动液、挡风玻璃清洗液液面过低报警

液面过低报警装置适用于发动机冷却水、制动液、挡风玻璃清洗液等液面过低的报警，其电路如图 7-11 所示。它

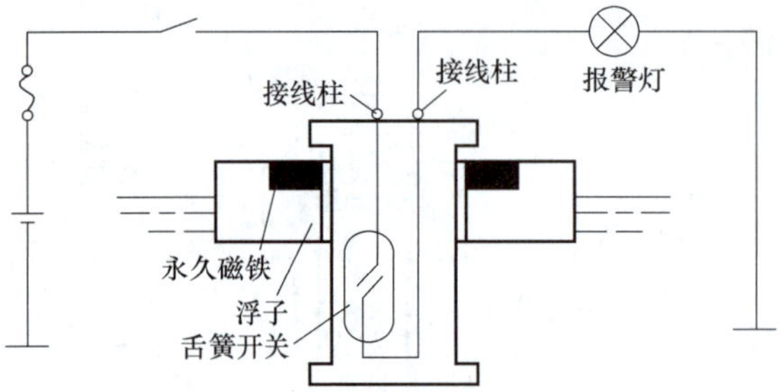


图 7-11　制动液面过低报警装置

的工作原理是：当浮子随液面下降到规定值以下时，永久磁铁吸动舌簧开关使之闭合，接通电路，使报警灯发亮，以示告警。当液面在规定值以上时，浮子上升，磁铁吸力不足，舌簧开关在自身弹力作用下，使电路断开，报警灯熄灭。

## （六）蓄电池液面过低报警

如图 7-12 所示，为蓄电池电解液液面过低报警装置电路。其报警开关是一个电子开关，由传感器和放大器组成，传感器为一铅棒，通常安装在由正极柱算起第三个单格内。当蓄电池电解液液面高度正常时，传感器铅棒上的电位为 8V，从而使 $VT_1$ 导通，$VT_2$ 截止，报警灯不亮。当电解液液面在最低限位以下时，铅棒无法与电解液接触，也就无正电位，从而使 $VT_1$ 截止，$VT_2$ 导通，报警灯发亮。

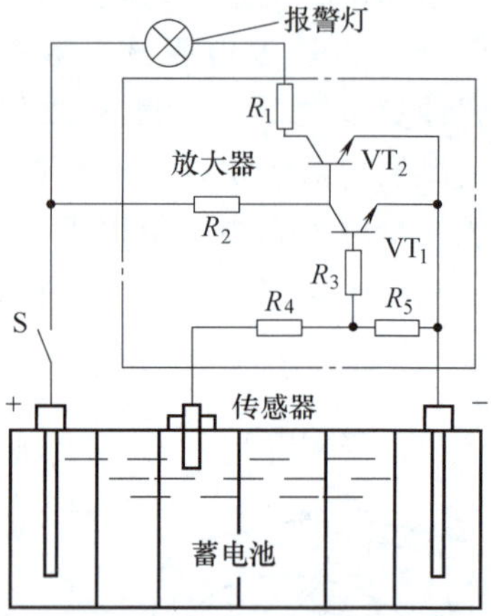


图 7-12　蓄电池电解液液面过低报警灯电路图

## （七）倒车报警

为了在倒车时警告处于车后的行人和车辆驾驶员，有些汽车的后部有倒车报警器，它和倒车灯一起由装在变速器盖上的倒车灯开关控制。倒车报警器电路和倒车灯开关结构分别，如图 7-13、图 7-14 所示。

如图 7-14 所示倒车报警器的工作原理为：当变速杆把倒挡变速叉轴拨到倒挡位置时，倒挡叉轴上的凹槽对准钢球，使钢球 1 松开。在弹簧 4 的作用下，膜片 3 和金属盘 9 向下移动，使触点 5（如图 7-13 中的开关 2）闭合，倒车灯通电点亮，喇叭也同时发声。当喇叭发出声响时，线圈 $L_1$ 和 $L_2$ 中均有电流通过，流经 $L_2$ 的电流同时向电容器充电。此时由于流入线圈 $L_1$ 和 $L_2$ 的电流大小相等，方向相反，产生的磁力互相抵消，因此线圈不显磁性，触点 4 继续闭合。随着电容器两端电压逐渐升高，流入线圈 $L_2$ 中的电流减小。当线圈 $L_1$ 产生的磁通大于线圈 $L_2$ 的磁通（即 $\phi_1 > \phi_2$）达到一定值时，即可吸开触点，断开电路，喇叭停止发声。触点打开后，电容器经线圈 $L_1$ 和线圈 $L_2$ 放电；两线圈产生的磁力相同，触点继续打开。当电容器两端的电压下降到一定值时，线圈的磁力大大减弱，使触点又重新闭合，喇叭又通电发声；电容器又开始充电，重复上述过程。触点反复开、闭，倒车报警器就发出断续的声响。倒车灯不受继电器触点控制，是一直发亮的。

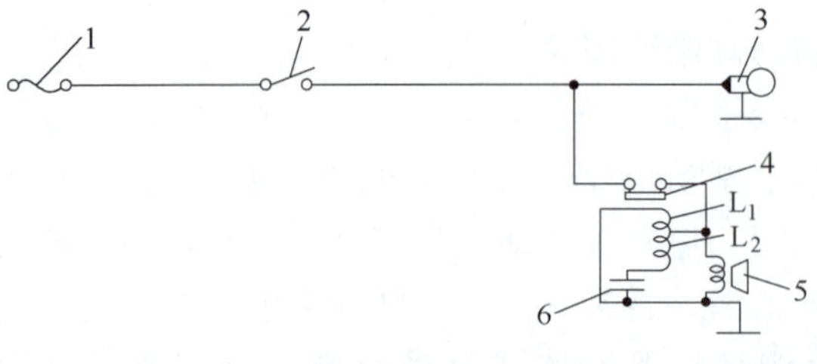


图 7-13　倒车报警器电路图

1—保险丝　2—倒车灯开关　3—倒车灯
4—继电器触点　5—喇叭　6—电容器

### （八）制动气压报警

对于采用气压制动的车辆来说，如果制动气压低于某一数值，制动机构就会失灵，可能酿成大的事故。为此有的汽车上安装了制动气压报警装置。如果由于故障导致制动气压过低时，报警装置就会点亮，警告驾驶员迅速采取措施制动气压报警传感器装在制动系的储气缸上或制动总泵的压缩空气输入管道中。制动气压报警灯 3 装在仪表盘上。制动气压报警传感器的构造，如图 7-15 所示。

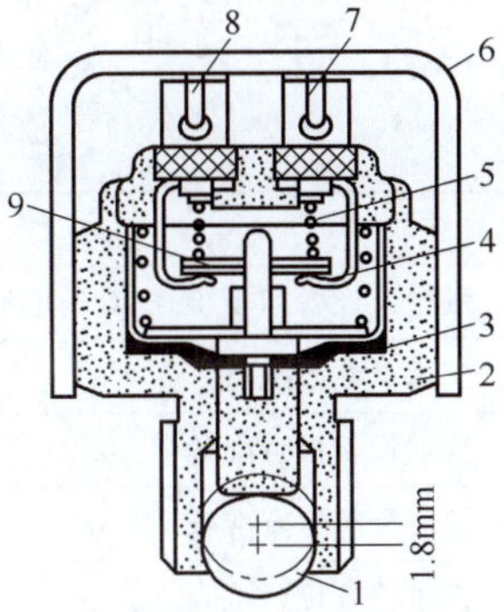

图 7-14 倒车灯开关结构图

1—钢球 2—壳体 3—膜片 4—弹簧 5—触点 6—保护罩 7、8—导线 9—金属盘

制动气压报警装置的工作过程是，接通电源开关，当制动系的储气缸内气压下降到 0.38～0.46MPa 时，作用在报警传感器膜片上的压力减小，膜片在弹簧弹力作用下向下移动，触点闭合，产生电流，点亮报警灯。当气缸中的气压升高到 0.45MPa 以上时，传感器中的膜片所受的压力增大，压缩弹簧，打开触点，报警灯熄灭。

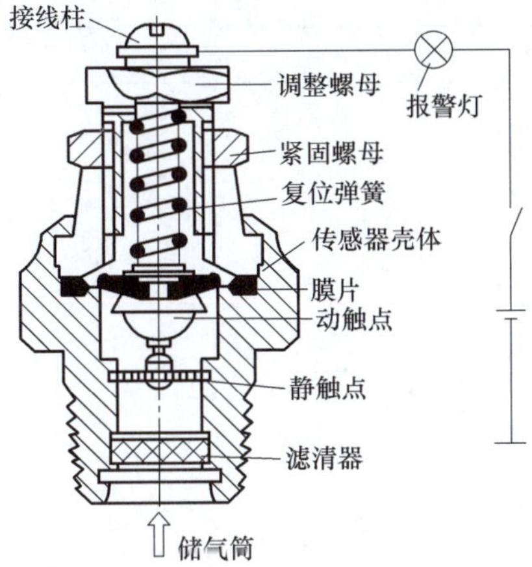

图 7-15 低气压报警装置

## 五、任务实施

### （一）机油压力报警灯常亮的检修

（1）点火开关接通，发动机未起动时，油压指示灯闪亮，油压报警蜂鸣器不响，故障现象与正常状态一致，不能做出判断。

（2）发动机低速运转时，油压指示灯亮，蜂鸣器不响，油压正常，说明低压传感器触点还保持闭合状态，不能打开。

（3）当发动机转速低于 2150r/min 时，油压指示灯闪亮，油压正常，拔下低压传感器黄色导线插头，此时油压指示灯熄火，说明低压传感器触点仍处于闭合状态，有可能是触点烧结。

（4）发动机高速运转时，油压指示灯仍然闪亮，油压正常，蜂鸣器不响，说明高压传感器触点已闭合，警报灯亮，可能是低压触点未打开。

（5）检查低压传感器触点。在发动机转速高于 2150r/min 时，将低压传感器导线插头拔下，用万用表电阻挡检测传感器接线插座端子与发动机缸体间的阻值，发现两点之间的阻值为零，说明低压传感器触点始终闭合在一起。

### （二）冷却液不足报警灯不亮的检修

（1）冷却液不足报警灯不亮，首先用数字式万用表检查发光二极管的技术状态。

（2）检查时先观察溢水壶上的凹沟有无积水，然后拔下指示器开关上的导线插头，检查插座内有无积水。

（3）检查冷却液不足指示控制器有无氧化腐蚀将点火开关位于 ACC 或 ON 挡，使仪表板开始一次自检。

## 六、任务工单

### 汽车报警系统检测工单

| 信息获取 | 车型 |
|---|---|
| 一、场地及设备初步检查(对场地安全和设备的检查及准备) | |
| (1)工量具检测准备 | 备注 |
| (2)仪器设备检查准备 | |
| (3)技术资料检查准备 | |
| (4)汽车停放位置检查 | |
| (5)放置车轮三角块 | |
| (6)连接尾气抽排管 | |
| (7)放置方向盘套和脚垫 | |
| (8)放置发动机及翼子板罩 | |
| (9)发动机机油、冷却液检查 | |
| (10)蓄电池状况检查 | |
| 二、故障诊断 | |
| 1. 记录检测步骤<br><br><br>2. 记录检测数据<br><br><br>3. 检测结果分析 | |

## 参考文献


[1] 朱军，弋国鹏．汽车电路和电气系统检测诊断与修复［M］．北京：北京出版社，2014．

[2] 王爱国，高光辉．汽车电器构造与检修［M］．北京：人民邮电出版社，2016．

[3] 谢丽君，陈跃，张文智．汽车常规电气系统检修［M］．武汉：华中科技大学出版社，2016．

[4] 娄云．汽车电路分析［M］．北京：机械工业出版社，2018．

[5] 任春晖．汽车电器设备构造与检修［M］．北京：机械工业出版社，2009．

[6] 纪光兰．汽车电器设备构造与检修［M］．北京：机械工业出版社，2012．

[7] 徐红举，曹廷华．汽车电气设备构造与维修［M］．武汉：华中科技大学出版社，2010．

[8] 马才伏，马云贵．汽车检测与维修技术［M］．长沙：湖南大学出版社，2017．

[9] 刘春晖．这样读懂汽车电路图［M］．北京：机械工业出版社，2014．

[10] 董宏国．汽车电路分析［M］．北京：北京理工大学出版社，2013．

[11] 刘建民，刘华．汽车电路识读与电器故障排除［M］．北京：金盾出版社，2014．

[12] 李春明．汽车电路读图［M］．北京：北京理工大学出版社，2013．

[13] 郝孟军，陈丹．汽车电气系统检修［M］．北京：中国轻工业出版社，2021．